미래는 예측하는 것이 아니고 상상하는 것이다.
따라서 미래를 지배하는 힘은 읽고, 생각하고,
정보를 전달하는 능력에 의해 좌우된다.

앨빈 토플러

아무도 이런 식으로 표현하지는 않지만,
인공지능은 거의 인문학 분야에 속한다고 생각한다.
진정으로 인간의 지능과 인지능력을 이해하기 위한 시도다.
구글 무인자동차 개척자, 스탠포드대학 연구교수 세바스찬 스런

생각하는 기계
vs
생각하지 않는 인간

생각하는 기계 vs 생각하지 않는 인간

펴낸날 2021년 8월 20일 1판 1쇄

지은이 홍성원
펴낸이 강유균
편집위원 이라야, 남은영
기획·홍보 김아름, 김혜림
교정·교열 이교숙
경영지원 이안순
디자인 바이텍스트
마케팅 신용천

펴낸곳 리드리드출판(주)
출판등록 1978년 5월 15일(제13-19호)
주소 경기도 고양시 일산서구 고양대로632번길 60, 207호(일산동, 대우이안)
전화 (02)719-1424
팩스 (02)719-1404
이메일 gangibook@naver.com
홈페이지 www.readlead.kr
포스트 https://post.naver.com/gangibook

ISBN 978-89-7277-352-8 (03320)

생각하는 기계 ——— vs
——— 생각하지 않는 인간

일과 나의 미래,
10년 후 나는 누구와
어떻게 일해야 하는가?

경영학 박사 홍성원 지음

——— Thinking machine vs ———
——— Not thinking human

리드리드출판

c o n t e n t s
차례

PART 3 지금부터 진검승부가 펼쳐진다

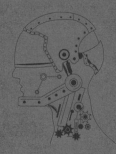

당신은 과거의 '인간의 기계화'와 미래의 '기계의 인간화' 중

무엇이 더 두려운가?

결국, 인간은 '생각하는 기계'에 대체 당할 것인가?

두려워하지 마라!

기술이 인간의 일자리를 빼앗는다는 근거는 어디에도 없다!

기술 진화는 생각처럼 빠르지 않다.

우리에게는 아직 준비할 시간이 충분하다.

현재 자신이 하는 일에서 더 필요한 능력은 무엇인가?

미래의 직무 프레임을 통해 직종별 필요한 능력을 구체적으로 밝힌다.

인간만의 영역인 '생각하는 힘'을 키워야 한다.

이 책에서 생각하는 힘을 어떻게 키울 것인가를 명쾌히 밝혔다.

생각으로 여는 미래

.

　'자율주행차, 알파고, 지능형 로봇, 인공지능[AI], 사물인터넷, 드론, 머신러닝' 등은 '생각하는 기계들'이다. 인간의 육체적 한계를 대신하고 단순 반복 작업을 하던 기계가 인간처럼 판단하고 결정하는 지능을 가지게 된 것이다. 입력된 빅데이터나 상황을 근거로 인간의 두뇌처럼 생각해 결과를 도출해낸다. 놀라운 과학의 발전은 과거 산업화 시대에 생산 수단으로 인간을 기계화했던 것에서 이제는 기계를 인간화하는 데 힘쓰고 있다.

　이에 따라 생각하는 기계가 얼마나 인간을 위협할지에 대한 관심도 커지고 있다. 한쪽에서는 로봇, 인공지능의 인간 대체가 이미 시작되었고 향후 더욱 가속될 것이라는 비관론을 주장한다. 이에 반해 기술 발전의 난관, 경제성을 고려하면 기계의 인간 대체 가속론은 과장되었다는 현실적 시각도 제기되고 있다.

미래의 기술과 인간사회를 전망한 책이나 연구 자료는 대부분 거대 담론 수준이다. 세부적인 내용도 인간의 위기, 생존 방안, 미래 트렌드, 요구 역량, 변화 수용, 의식 변화를 논하지만 관념 수준에 머물러 있다. 개개인의 대응 방안이나 대안 마련은 없다. 개인에게 구체적인 솔루션을 제시한 자료도 없다. 한 개인, 더 나아가 사회를 위협할 가까운 미래 기술인데도 불구하고 먼 이야기들만 반복해서 들려주는 꼴이다. 특히 일자리의 감소 여부, 기계에 의한 업무 대체 가능성, 미래의 업무 역량 개발 방법 등 현실에서 필요한 부분에서는 더욱 그러하다. 그로 인해 우리는 미래에 대해 막연하고 모호하게 두려움을 갖고 있다. 정확하게 알고 체계적으로 준비할 수 없음에 불안해한다.

《노동의 종말》 저자 제러미 리프킨은 산업화 사회와 기계의 등장은 노예 노동의 종말을 이끌고 첨단기술은 대량 임금노동을 끝낼 것으로 보았다. 지식 중심의 기술이 새로운 시대를 열고 장시간의 노동에서 해방되는 기회임을 말한다. 그러나 이런 엄청난 변화가 우리에게 기회가 될지 새로운 분열과 고통의 시간이 될지는 알 수 없다. 생각하는 기계가 점령해가는 세계의 경제구조에서 제 역할을 잃어버린 수백만의 사람들은 어떻게 될 것인가? 미래 인간 노동 문제의 해법은 무엇인가?

제러미 리프킨은 '노동시간 단축, 사회적 계약, 제3부문 활성화를 제시하면서 정부나 기업의 역할수행이나 지원'이 그 답이라고 주장한다. 그러나 안타깝게도 직장인, 취업 준비생, 학생 등 개개인은 정부와 기업의 지원만을 기다릴 시간이 없다. 정부와 사회가 개인의 삶을 온전하게 보호해주지 못한다는 사실은 산업화 시대의 러다이트 운동, 흑인 노예의 삶, 생산 근로자 일자리 대체 등을 통해 충분히 알고 있다.

그렇다면 우리가 스스로 답을 찾아 나서야 한다. 기술 발달의 메가트렌드를 알고 '생각하는 기계'에 대응해 자신이 더 잘할 수 있는 것은 무엇인지 생각해야 한다. 지금은 미래 자신의 운명을 바꿀 기름을 준비해야 할 때이다.

자동화 기계가 보급되고 컴퓨터, 인터넷 기술이 발달하던 시대에는 기계 기능사, 컴퓨터 프로그래머 등 기능적 기술^{Technical} ^{skill}의 중요성이 부각되었다. 그러나 오늘날 다양한 IT 및 지능형 기계는 개개인에게 특별한 기술을 요구하지 않는다. 스스로 이용자의 요구사항을 간파한 것처럼 일한다.

인터넷 검색을 예로 들어보자. 알고리즘을 몰라도 누구나 간편하게 지식이나 정보를 검색할 수 있다. 설령 단어를 잘못 입력하더라도 정확도 순으로 그에 맞춰 화면에 띄워준다. 미래의 자율주행차는 운전면허증이 필요로 하지 않을 것이다. 인공지능이나 스마트 기기의 일 처리 관련 기술이 계속 발전하고 있기 때문이다. 달리 말하면 이제 개개인에게 중요한 것은 기능적 기술이 아니라 '일을 어떻게 할 것인가?', '이 일을 왜 해야 하지?'라는 사고력이다.

이 책은 미래에 절실히 요구되는 '생각하다'에 방점을 두고 개인이 준비해야 할 일에 접근했다. 다음은 우리가 함께 고민해야 할 과제이다.

"인간은 기계와의 경쟁에서 승리자인가 패배자인가?"

"현재 내가 하는 일의 본질은 무엇이고, 미래의 기계를 어떻게 활용해야 하는가?"

"나의 미래가치를 높이기 위해서는 어떤 능력을 갖춰야 하는가?"

"생각하는 힘을 위해 우리가 일상에서 준비하고 실천할 것은 무엇인가?"

이 책은 총 3부로 이루어져 있다.

1부에서는 생각하는 기계의 등장과 인간의 고민을 담았다. 인간과 기계의 대결 역사로 기계화 과정에서 인간의 고민이 무엇인지 사례로 알아봤다. 또한 기술 진화가 인간에게 희망을 주는 산물인지 알아보고 냉정하게 미래 기술이 과대 포장되어 있는 측면도 밝혔다.

단언컨대 기술의 발달이 인간의 일자리를 갑자기 빼앗아 가지는 않는다. 일 자체의 성격이 변하는 것이고 그에 맞춰 요구되는 능력도 함께 변한다. 바로 이 점에 주목했다.

2부에서는 개인이 일하는 직종에서 어떤 준비가 필요한지 현실적으로 다루었다. 기술의 진화에 맞춰 일하는 방식을 어떻게 바꿔야 하는지 대표적인 영업 서비스직, 제조 현장직, 연구 개발직, 사무 관리직 네 가지 업종을 중심으로 살펴보고 직종별로 계발하고 준비해야 할 가이드도 함께 제시했다.

영업 서비스직에는 데이터 수집 분석 차원의 능력 개발과 사람의 마음을 움직이는 감성 터치의 스킬 개발, 제조 현장직은 기계와 경쟁하지 않는 인간의 영역인 사고력의 중요성을 강조했다. 미래 대응 능력 개발로 토론형 소통 방식과 기계와의 협업, 동료 간 협력하는 방법도 알 수 있다. 연구 개발직은 첨단 기계나 각종 지능형 도구를 가장 빨리 접하고 많이 사용한다. 하지만 변화를 따라가지 못하면 제일 먼저 대체될 수 있는 직종임을 인식시켜주고 싶었다. 이들은 기계와 차별되는 창의력과 통찰력에 집중해야 한다. 사무 관리직은 현재보다 미래에 더 많은 생각 능력이 필요한 직종임을 사례로 설명했다. 조직의 이슈를 찾아 문제를 해결하고 사람들을 변화에 동참시키는 능력이 필요하다. 이에 이슈 파이팅과 공감 능력을 언급했다.

마지막 3부에서는 생각하는 인간이 되기 위하여 중요한 요소는 무엇인지 근거를 들어 설명했다. 인간만의 강점이자 유일한 특성인 생각하는 힘을 키워야 시시각각 변화하는 미래에도 역동적으로 활약할 수 있을 것이다.

책은 읽고 싶은데 읽을 수 없다고 말하는 사람들이 있다. 인터넷에는 각종 정보가 범람하고 업무에 쫓기다 보면 좀처럼 책 읽을 시간이 나질 않는다. 그렇다고 스마트폰을 활용하여 책의 내용을 접하는 사람이 늘어나는 것 같지도 않다. 이젠 책의 역할도 변하고 있다. 정보나 지식 같은 콘텐츠를 전하는 역할은 이미 인터넷으로 옮겨갔다. 따라서 책은 내용을 전달하는 도구가 아니라 책을 읽는 과정에서 행간의 의미를 파악해보고 다양한 가치를 생각하게 하는 '작품'이어야 한다. 마치 사진기가 발명된 후 그림의 대상물을 사실적으로 그리던 화가보다는 심상에 떠오르는 이미지를 표현하는 인상파가 더 소중하게 느껴지기 시작한 것처럼. 독자들이 이 책을 읽으면서 관련된 지식을 담기보다 자신의 미래를 생각하는 시작점이 되기를 바란다.

끝으로 독서클럽 청지기 회원들에게 감사드린다. 다양한 주제의 책들을 함께 읽고, 토론하는 과정에서 지적 자극을 받았다. 그만큼 많이 성숙해졌다고 확신한다. 주말 아침마다 함께하는 매 순간들은 새롭게 다가오는 미래, 우리의 삶의 가치, 인간다운 생각을 키우는 소중한 시간이었다.

청라국제도시에서

미래를 보고 점을 이을 수 없다. 과거를 돌이켜 점을 연결할 뿐이다.
그래서 어떻게든 점은 연결된다고 믿어야 한다.

스티브 잡스

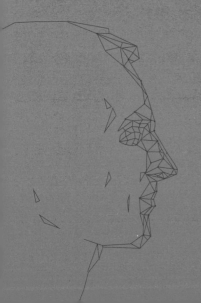

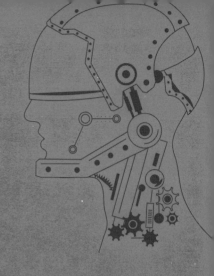

PART 1

생각하는 기계와
대결하는 인간

CHAPTER 01

역사로 살펴본 인간과 기계의 대결

인류 역사의 근대는 기계가 열었다. 증기기관의 발명은 인간 삶의 질을 높였다. 노동력을 줄여주고 시간적 여유를 가져왔다. 기계화 이면에 감춰진 문제를 인식하기 전까지! 사회적 동물로 뛰어난 사고력을 지닌 인간이 급속도로 발전하는 기계 앞에서 무기력해졌다. 이에 인간은 우월함을 입증하기 위해 기계와 끊임없이 대결을 이어가고 있다. 오늘날까지!

기계의 등장이
사람 사는 법을 바꾸다

　중세 영국인은 물을 가열시켜 움직이는 증기기관을 발명했다. 이를 시작으로 인류 역사에 근대의 문이 열렸다. 인간의 노동을 기계의 힘으로 대체하는 첫 출발이 된 것이다. 1차 산업혁명에서 증기 에너지는 석탄을 캐고, 수레를 움직여 물자를 이동시키고, 실생활에 필요한 상품들을 제조하는 일을 감당했다. 증기기관은 사람이 노를 젓던 배, 말이 끌던 마차를 대신하면서 사람의 육체 노동을 줄여주고 물자를 이동시키는 과정에서 시간을 단축시켰다. 또한 이전의 불이나 철, 가축과는 확연히 다른 도구로서 훨씬 큰 에너지로 유용하게 했다.

　2차 산업혁명은 석유와 전기라는 새로운 에너지 원천이 나타나면서 자동차, 전화, 전등이 등장했다. 또한 인간의 노동이 기계에 의해 대체되었다. 처음에는 동물 영역을 대체했고, 이후 기계와 결합한 노동이 대세를 이루며 결국에는 인간의 일을 맡아하기에 이르렀다. 이어지는 3차 산업혁명은 수치 제어 로봇과 성능이 강화된 컴퓨터와 소프트웨어가 인간의 지능과 관련된 영역을 침범하기 시작했다. 일의 목적에 맞게 적절히 프로그래밍하여 컴퓨터나 기계를 움직이면 사람보다 빠르고 정확한 결과를 얻게 되었다.

4차 산업혁명 시대의 인공지능은 더 진화된 기술을 보여준다. 기계가 대체하지 못하던 인간의 사고 영역까지 잠식하기 시작한 것이다. 더 나아가 자원을 관리하는 업무를 수행하는 것은 물론이고 상품의 연구 개발에서 생산, 판매 마케팅, 사후 서비스까지 일터에서 벌어지는 대부분을 담당하며 거대한 물결처럼 확산되고 있다.

생각하는 기계의 탄생은 인간의 역사에서 보면 아주 신비롭고 경이롭다. 과학자 프레드킨Edward Fred kin은 이를 인류 역사의 위대한 사건 3가지 중 하나라고 보았다. 그가 말한 첫 번째 사건은 우주의 탄생이고, 두 번째 사건은 생명의 출현이며, 마지막 세 번째 대박 사건이 인공지능의 출현이다.

인류의 역사 발전을 볼 때 생활상에 큰 변화는 농경과 동물의 가축화였다. 그러나 문명의 획기적인 변화와 인간의 편리, 일의 효율화를 제공한 것은 기술의 진보이다. 대표적인 것이 증기기관의 발명과 활용이다.

산업혁명 이후 크게 발전한 자동화로 우리 주변에서 일자리가 많이 사라졌다. 요즘은 은행이나 증권회사 창구에서 거래하는 일이 거의 없다. 현금인출기, 인터넷이나 스마트폰으로 웬만한 은행거래와 주식 매매가 안전하고 빠르게 이루어진다. 그만큼 일자리는 사라지고 남은 직원들은 더 높은 수준의 복잡하고 어려운 일을 맡아서 한다. 제조공장에서는 공장자동화, 스마트 팩토리의 물결이 현장 인력을 빠르게 대체하고 있다. 공장자동화, 생산시스템, ERP, MMP의 생산 방식이나 생산 로봇이 인간보다 정확하게 높은 생산성을 보이고 있다. 단순한 기계 부품을 생산하고 조립하는 공정이 자신들의 역할이라는 듯 척척 해낸다.

현재 인류 역사의 궤도가 다시금 크게 변하고 있다. 4차산업, 디지털 기술이 변화의 추진체로 작용 중이다. 증기기관이 제1의 기계 시대를 열었다면, 디지털 기술이 제2의 기계 시대를 열고 있다. 제1의 기계가 반복적인 신체 동작을 대체했다면, 제2의 기계는 인간의 정신적, 인지적 능력까지 대체하는 능력까지 갖추었다. 자율주행차, 알파고, 지능형 로봇, 인공지능[AI], 드론의 공통점은 한 마디로 '생각하는 기계들'이다. 경우의 수를 인지하고 대처하는 능력까지 지녔다. 어마어마한 데이터를 감당하고 처리해낸다. 이제 단순 반복적인 일뿐 아니라 확률적 판단이 따르는 일, 서비스 대응 업무까지 지능화된 기계가 대신하는 중이다. 앞으로는 단순 반복적인 일은 지능화된 기계가 대신하게 되며 인간은 소외되거나 혹은 창의성 등이 요구되는 다른 영역에서 인간 본연의 능력이 요구되는 업무에 집중될 것이다.

IT 디지털 비즈니스센터 에릭 브린욜프슨, 앤드루 맥아피 교수는 《제2의 기계 시대The Second Machine Age》에서 우리 삶과 경제를 재창안하는 추진력이 무엇인지를 밝혔다. 기술의 진보는 컴퓨터와 로봇으로 상징되는 기계와 인간의 관계를 재설정한다는 주장이다. 인간과 비슷하거나 뛰어난 지능을 갖는 기계와 인간이 공생하기 위해서는 기술 격차에 따른 사회적 불평등을 해소하고 컴퓨터가 하지 못하는 일, 인간만의 강점을 활용해야 한다는 것이다.

나는 이 책에서 '생각하는 기계' 또는 '기계'라는 용어를 사용할 것이다.

그 첫 번째 이유는 현재까지 인간이 개발한 매우 수준 높은 기계일지라도 인간을 위한 도구에 불과하기 때문이다. 땅을 파는

굴삭기, 이동수단인 자동차. 인공지능, 지능형 로봇 등은 모두 인간의 편리나 일의 효율을 높이는 도구로서 존재하고 개발되었다. 그 이상의 의미를 부여하기는 힘들다. 집안일을 돕는 청소기, 일의 속도를 높여주는 컴퓨터, 공장에서 움직이는 생산 로봇 그리고 인공지능 수준의 장치들 모두 그 기능과 형태, 종류, 사용목적, 적용된 기술 수준이 다르더라도 '기계'로 통칭하는 점을 적용했다.

두 번째는 인간의 고유 능력을 갖추지 못한 사물이기 때문이다. 인간과 구분하기 어려운 높은 수준의 인공지능일지라도 인간과 같다고 말할 수 없다. 말하고 반응을 하는 언어적 표현을 포함한 행동은 인간과 구분하기 어려울 수 있다. 하지만 단언컨대 인공지능은 인간과 같아질 수 없다. 자동화 기계, 알파고 같은 기계가 빠르게 진화하지만 인간의 프로그램이나 알고리즘에 의존할 뿐이다. 인간에게는 인공지능이 구현해내지 못하는 '메타인지Metacognition' 능력이 있다, 자신이 무엇을 알고 무엇을 모르는지, 자신의 행동이 어떤 결과를 불러올지 생각하는 능력이 그것이다.

기계의 기술적 진화에 따라 일자리는 엄청난 변화 속도가 느껴진다. 일자리의 개수 증가나 감소뿐만 아니라 일의 성격에 따라 일하는 방식도 변하고 있다. 생각하는 기계와 공존하는 시대에는 기계들과 협력하는 동시에 한편으로는 자리 경쟁도 해야한다.

이러한 흐름에 맞추어 우리는 무엇을 준비하고 어떤 방식으로 사고해야 하는지 생각해볼 일이다.

-ᄋ̣- **THINKING POINT**

우주의 탄생, 생명의 출현, 인공지능의 출현은 인류 역사에 획기적 사건이다. 인공지능의 발달로 인간의 기계화에서 기계를 인간화시키는 기술이 진화 중이다. 기계에 생각과 감정을 불어넣는 작업이 이루어지고 있다. 반면 인간은 새로운 기계의 출현에 이유 모를 두려움을 느낀다. 기계와 경쟁에서 이길 수 없다는 좌절에 빠진다. 이 두려움과 좌절, 불안을 떨쳐버리자. 그리고 시대의 흐름을 타자.

인간과 기계의
끝없는 대결

 2016년 3월 이세돌과 알파고의 대결은 사회 전반에서 큰 화제였다. 인간 이세돌이 승리할 것이라는 초기의 예상과 달리 다섯 번의 대국 중 단 한 번만 승리를 거두었다. 이후 사람들은 인공지능, 지능형 로봇들에 관심이 크게 높아졌고 4차 산업의 물결에 휩싸였다. 그러나 이 대결이 있기 훨씬 이전부터 기계의 진화로 인간소외 문제가 우려된다는 목소리는 계속되어 왔다.

 기계가 인간을 대체하면서 일자리가 사라질 것이라는 두려움, 현재 고소득 인기 직종이 몇 년 안에 사라질 것이라는 예언, 직업에 따라 소득 격차가 더 벌어질 것이라는 예측은 직장인이나 취업을 준비하는 젊은 세대를 긴장시켰다. 겨우 현실에 적응해 살아가는데 인공지능이 뒤흔들 미래에는 직업적인 면에서 자신의 입지가 불안정하기 때문이다. 신기술 개발의 뉴스가 보도될 때마다 기계에 대체되는 일자리가 늘어나는 현실을 받아들여야만 한다.

인류 역사에서 '기계'가 등장한 것은 18세기 후반 산업혁명 때이다. 이 시점을 중심으로 크고 작은 기계들이 등장해 인간을 육체 노동에서 해방시켰다. 그러나 아이러니하게도 기계의 탄생은 곧 인간과 기계의 대결을 불러왔다. 인간의 창조물과 창조자가 대결하는 웃기고도 슬픈 상황이 벌어진 것이다. 비극적이게도 이 대결에서 인간은 패배하고 있다.

인간 대 기계의 대결 1라운드 _ 러다이트 운동

처음 인간과 기계의 싸움은 러다이트Luddite Movement 운동이다. 19세기 초 영국에서 사회운동의 성격을 띠고 일어났다. 1811년 말경 노팅엄 근처에서 시작되어 이듬해에 요크셔, 랭커셔, 더비셔, 레스터셔 등으로 퍼졌다. 저임금에 시달리던 영국의 직물 노동자들이 공장에 불을 지르고 기계를 파괴한 사건으로 '기계 파괴 운동'이라고도 한다. 기계를 상대로 수많은 노동자가 대립하는 일종의 패싸움이었으며 소리 없는 무력의 대결이었다. 어느 영국인 수공업 장인은 "기계는 도둑이고 수천 명을 약탈할 것이다. 결국, 기계가 이 나라를 파괴하고 말 것이다."라고 기계에 대한 반감을 격렬히 표현했다.

　노동자들은 기계를 부수는 퍼포먼스를 펼쳤다. 기계를 자본주의적 도구로, 노동자의 노고를 더욱 가중시키는 것으로 생각했다. 기계를 소유한 자본가에 대한 증오가 기계를 부수는 행위로 나타났다. 이후 자본가에 맞서 계급투쟁을 벌이는 노동운동의 성격을 띠며 노동자가 아닌 시민들도 참여하게 되었다.

　러다이트 운동은 영국에서 시작된 산업혁명과도 연관이 있다. 방적 작업의 기계화로 대량생산이 가능해지면서 많은 숙련공이 일자리를 잃고 실업자가 되었다. 공장에서는 숙련공 대신 적은 임금을 받는 비숙련공을 고용했다. 이로 인해 직물공장 노동자들의 임금은 계속 하락했다. 반면 식료품 등 물가는 계속 상승하여 많은 노동자가 빈곤과 굶주림에 시달렸다. 그럼에도 불구하고 영국 정부는 자본가와 결탁하여 단결금지법을 제정해버렸다. 따라서 19세기 영국 노동자들은 노동조합 결성, 단체교섭, 파업으로 단결하는 노동운동조차 하지 못하게 되었다. 어쩔 수 없이 그들은 노팅엄셔·요크셔·랭커셔를 중심으로 자본가에게 빌려 사용하던 기계를 파괴함으로써 자본가의 착취에 맞서 계급투쟁을 벌였다.

결국, 자본가들은 노동자들의 단결 투쟁에 굴복했고 노동자들의 권리를 존중하지 않을 수 없게 되었다. 인간이 기계와의 대결에서 승리한 사건으로 이후 노동조건이 일부 향상되었다.

인간 대 기계의 대결 2라운드 _ 존 헨리의 전설

존 헨리는 1870년대 기계와의 대결에서 승리해 일약 미국의 영웅이 된 인물이다. 그를 기리는 동상을 세울 정도로 전설적인 사람이다.

존 헨리는 철도 관련 회사에서 일하던 노동자로 주 업무는 쇠망치를 이용해 터널을 뚫는 일이었다. 어느 날 사업주는 시대가 변함에 따라 기계를 도입하려 했다. 당연히 노동자 측에선 즉각 반발했다. 기계보다는 섬세한 인간이 더 터널을 잘 뚫을 수 있다는 이유였다. 결국, 기계 대 인간의 논쟁으로 쟁점화되었는데 이때 등장한 사람이 바로 존 헨리다.

존 헨리는 자신이 기계와 대결을 해보겠다고 선언했다. 곧이어 산 하나를 두고 기계와 동시에 터널을 파기 시작했다. 반대편에선 사람들이 모여서 누가 먼저 뚫고 나오느냐를 기다렸다. 마침내 구멍이 뚫리고 존 헨리가 먼저 나오자 사람들은 엄청난 환호를 지르며 반겼다. 인간의 승리로 끝나는 듯 보였다. 그러나 여러 번의 유사한 경쟁에서 존 헨리가 기계보다 일을 더 잘했지만 결국 사망함으로써 전설에 마침표를 찍었다.

존 헨리의 일화는 그 사실 여부를 떠나 기계와 최초로 일대일 대결을 펼쳐 승리까지 했다는 점에서 인간의 위대함에 위안을 준 사건이다. 하지만 존 헨리의 절박한 직업적 위기감이 기계와의 대결을 불러왔다는 생각은 저버릴 수 없다. 그가 기계와 대결하면서 느꼈을 직업의 위기의식, 동료들의 간절한 바람은 그가 이를 악물도록 만들었을 것이다.

인간 대 기계의 대결 3라운드 _ 체스 대결

힘과 속도의 싸움에서는 기계를 이길 수 없다고 깨달은 인간은 지능을 대결해보기로 했다. 인간과 기계 간의 '체스 대결'이다. 어떤 동물보다도 지능이 뛰어난 인간이기에 머리싸움으로 기계를 상대한다는 것은 식은 죽 먹기나 다름없었다. 보통 체스 대결에서 인간이 졌다는 사실이 많이 알려졌지만, 실상 인간이 진 것은 1997년의 일이다. 이전까지의 대결에서는 1985년, 1989년, 1996년 모두 인간이 승리했다. 1985년에는 32대의 컴퓨터와 동시에 대결해 모조리 승리했으며, 1989년에는 IBM사의 '깊은 생각Deep thought'과의 대결에서 4판 전승을 거두었다.

대반전은 1997년에 일어났다. 당시 체스 챔피언인 '카스파로프'와 슈퍼컴퓨터 IBM사의 '딥 블루'와의 대결이 첫 대결이었다. 사람과 컴퓨터의 첫 대결인 만큼 사회적 관심은 정말 굉장했다. 세계인들이 지켜보는 가운데 1차전 성적은 카스파로프가 4 : 2로 승리했다. 사람들의 환호는 대단했다. 생각의 영역에서는 인간이 기계보다 더 낫다고 판단했다. 하지만 이듬해 펼쳐진 1997년의 대결에서는 컴퓨터에 완패하고 말았다.

인간의 패배 소식에 사람들은 충격을 받았다. 이제 지능의 영역까지 기계가 발달했으며 인간을 넘어선다는 논란이 들끓었다. 이에 IT 전문가들은 체스는 수 계산일 뿐 지능이라고 할 수 없다는 논리를 내세워 기계의 한계를 구분했다. 하지만 명명백백 체스 대결은 기계의 승리였다.

인간 대 기계의 대결 4라운드 _ IBM 왓슨의 승리

2011년 미 ABC방송의 인기 퀴즈쇼에서 인공지능을 가진 슈퍼컴퓨터와 기록적인 승률을 보유한 '인간 퀴즈 달인'의 자존심을 건 이색 대결이 벌어졌다. 컴퓨터와 벌인 체스 경기는 물론 슈퍼컴퓨터와 벌인 예비퀴즈 대결에서 잇따라 패하며 자존심을 구긴 인간들이 다시 한번 기계와 물러설 수 없는 일전을 치르게 된 것이다.

인간 측 대표는 켄 제닝스, 브래드 루터였다. 켄 제닝스는 퀴즈 쇼에서 74연승을 거두며 백과사전 같은 종합지식의 소유자로서 총 317만 달러의 상금을 탄 사람이다. 브래드 루터 역시 퀴즈쇼에서 445만 달러를 가져간 천재에 가까운 퀴즈 달인이었다.

상대할 기계는 IBM의 왓슨이었다. 냉장고 10대 크기의 이 컴퓨터는 15조 바이트의 메모리를 가졌다. 덕분에 개인용 컴퓨터가 두 시간 걸려서 풀 문제를 단 2~3초 사이에 풀어내는 비상한 능력을 자랑한다. 당시 IBM 관계자는 "퀴즈쇼를 대비해 왓슨에 수학과 과학은 물론 학문 전 분야에 걸쳐 방대한 상식을 입력했다."라고 했다. 또한 "위키피디아에 나온 역대 교황의 이름과 아카데미상에서 여우주연상을 거머쥐었던 여배우까지 모르는 게 없다."라고 말하면서 손가락을 치켜세웠다.

퀴즈쇼 형태이지만 양측의 자연어 처리능력, 정보 검색 및 처리능력에 대한 기계의 능력을 판단하는 형식이었다. 이 승부에서 미국 IBM의 슈퍼컴퓨터 '왓슨'은 압도적인 결과 차이로 승리했다. 비록 퀴즈에 한정됐지만, 컴퓨터가 사람을 뛰어넘는 능력을 보여줄 수 있다는 점에서 왓슨이 시사하는 바는 컸다. 하지만 알고리즘 자체가 완벽한 것은 아니라서 때때로 오답을 내기도 했다. 심지어 상대 인간이 낸 오답을 그대로 말하는 등의 나름 어리석은 면모도 보여주었다.

왓슨은 이후 의학 분야에서 암을 진단하는 데 유용하게 쓰이고 있다. 이 기계의 정확도는 꽤 높은 편으로 의사들이 진료에 활용한다. 의사와 왓슨의 진단 의견이 다를 때는 많은 환자는 왓슨을 더 신뢰한다고 한다고 할 정도이다. 똘똘한 기계가 인간에게 다시 한번 충격을 주고 있는 셈이다.

인간 대 기계의 대결 5라운드 _ 알파고의 승리

2016년 인간과 기계는 새로운 대결을 준비했다. 인공지능이라는 화두를 던져준 새로운 기계 알파고와 이세돌의 바둑 대결이다. 단순히 '수'를 빠르게 계산했던 체스와 달리 바둑의 수는 너무 많아 인공지능을 표방한 알파고가 이를 어떻게 해낼지 사람의 이목을 집중시켰다. 전문가들조차 기계는 바둑의 모든 수를 계산할 수 없다며 인간의 승리를 자신했다.

2013년부터 2017년까지 인간 측의 판 후이, 이세돌, 커제가 출전해 대결을 펼쳤다. 상대 기계는 구글Google의 알파고로 바둑의 수 싸움과 양측의 상황판단 능력이 대결유형이다.

그 결과 2013~2015년 판 후이와의 대결에서는 알파고의 5전 5승, 2016년 이세돌과 싸움에서는 5전 4승 1패를 기록했다. 그나마 이세돌의 1승으로 인간의 자존심을 지켰다. 1년 뒤인 2017년 인간 커제와의 대결에서는 알파고가 3전 전승을 거두었다. 완벽한 기계의 승리였다. 공식 대결의 결과만 총 13전 12승 1패를 기록한 것이다. 비공식 대결까지 합치면 총 74전 73승 1패라는 경이로운 기록을 남겼다. 인간의 전패임에도 알파고에게 치명적인 한 방을 날린 유일한 인간이 이세돌이라는 점은 두고두고 회자될 만하다.

알파고는 마지막 커제와의 대결을 끝내고 바둑계를 은퇴했다. 다른 인공지능의 바둑기사가 나오지 않는 이상 컴퓨터와 인간의 바둑 대결은 없게 되었다. 구글은 알파고를 해체하면서 알파고 대 알파고 대국기보를 공개했는데, 프로기사들조차 몰랐던 바둑수의 존재에 감탄을 자아냈다고 한다.

이제 기계는 인간이 상상하지 못했던 개념을 보여줄 정도로 발전했다. 실제로 딥 블루 이후 바둑만은 기계에 질 수 없다는 분위기가 팽배했다. 하지만 단순 알고리즘 계산 방식의 딥러닝Deep Learning 방식을 생성해낸 알파고로 인해 인공지능에 관심이 커지게 되었다. 다음 대결에서는 어떤 능력을 보유한 기계들이 나타날지 궁금하다. 지금까지 인간과 기계의 대결을 보면 힘, 속도, 메모리, 정보처리, 상황판단 영역 모두 기계가 인간을 압도했다.

인간과 기계의 대결은 득일까 아니면 실일까? 인간 대 기계 대결이 거듭되고 있지만, 결과가 보여주듯 인간의 패배가 확실하다. 여기서 더 나아가 인간과 유사한 지능과 자유롭게 생각하는 기능을 가진 기계가 나온다면 인간의 미래는 어떻게 될까?

생각이 여기에 머물면 막연한 두려움을 갖게 된다. 개발자들은 강한 힘과 더 많이 생각하는 기계를 만들기 위해 경쟁하며 책임과 역할을 다한다. 그 기계는 편리함과 노동의 대체라는 합리적인 이유를 대며 인간의 영역에 들어올 게 뻔하다. 이로 인해 유발되는 일자리 감소, 일하는 방식의 변화 등 인간의 처우와 불합리한 대우는 이들에게 관심 밖이다.

도래하는 인공지능의 시대에 인간은 일터에서 기계들에 밀리지 않고 경쟁할 수 있을까? 경쟁을 피할 수 없다면 어떻게 대응해야 하고 어떤 능력을 보유해야 할까?

-💡- THINKING POINT

인간과 기계의 대결은 흥미롭게 진행 중이다. 존 헨리의 힘과 속도의 대결에서 인간이 승리한 이후 체스, 퀴즈, 바둑의 대결에서는 모두 기계가 승리했다. 인간의 승리를 응원했지만, 번번이 기계의 발전 앞에 인간은 무릎을 꿇어야 했다. 그래서 미래의 기계 발전에 호기심을 드러낸다. 도대체 기계는 어디까지 발전할까. 인간은 기계를 이길 수 없는가. 그렇다면 인간의 능력은 어디서 발휘되어야 하는가?

인간의 기계화인가,
기계의 인간화인가

얼마 전 눈이 불편하고 아랫배에 가스가 차는 증상으로 병원을 찾았다. 의사는 스트레스로 인한 과민성대장 증상과 안구건조증이라 진단했다. 온종일 노트북과 스마트폰에 노출되고 일에 치여 쉴 시간조차 마땅치 않은 것이 큰 원인이었다.

나도 예외일 수는 없다. 친구들에게 농담처럼 "카톡이 없던 때로 돌아가고 싶다."라고 말하며 푸념을 늘어놓는다. 실제로 회사나 고객에게 오는 SNS는 시간을 가리지 않고 울린다. 휴일에 잠시 가족과 외출을 해도 SNS 알림이 울리면 '또 회사에 무슨 일이 생긴 건가?', '바로 연락해야 하나?'라고 생각하면서 메시지를 확인하고 갈등한다.

기계와 정보통신기술의 발달 덕분에 우리는 어디서든 빠른 업무 처리와 소통이 이루어지는 편리함을 얻었다. 하지만 그 이면의 불편함은 이루 말할 수 없다. 프랑스 여론조사 기관에 의하면 근로자의 1/3이 퇴근 후에도 업무와 관련된 일로 스마트폰 등 전자기기를 사용하며, 60% 이상의 근로자가 '업무시간 이후 일하지 않을 권리'가 법제화되기를 바란다고 응답했다. 프랑스 사회운동가 부누아는 "근로자들이 몸은 업무장소를 떠나도 일에서 해방되지는 못한다. 이메일이란 쇠사슬에 묶인 개와 비슷하다."라고 평가했다.

이에 프랑스에서 2017년 1월 1일부터 근로자가 퇴근 후 업무 관련한 스마트폰이나 이메일 등 전자기기의 사용을 제한하는 법이 시행되었다. 프랑스 노동 개혁 패키지법인 엘 콤리법 중 하나로, 노동법에 '연결되지 않을 권리Le droit de la déconnexion, Right to Disconnect'가 새로 규정된 것이다. 근로자들이 퇴근 후에 받는 스트레스와 피로를 덜어주고 휴식시간을 보장해주는 법이다.

대한민국 직장인들을 대상으로 여론조사를 한다면 프랑스 이상의 응답률을 보였을 것이다. 과거 근로자들이 생산성을 위해 기계에 묶여 기계의 부속품처럼 일하던 시절과 다름이 없다. 내용과 형식, 방법만 조금 달라졌을 뿐이다.

19세기 후반 미국에서는 철도, 통신, 기계 산업의 눈부신 발전에 힘입어 기업의 수와 규모가 커지고 시장규모도 확대됐다. 그러나 기업조직이 복잡해지면서 노동생산성은 현저하게 감소했다. 이를 극복하기 위해 기계설계, 공장배치, 작업방법 등 일련의 작업관리를 과학화해야 한다는 주장이 나왔다. 테일러의 과학적 관리방식이 그것이다. 노동자들의 시간과 동작을 표준화하고 작업량에 따라 임금을 지급하여 생산 능률을 올리는 방법이다.

　　테일러 관리기법은 포드주의Fordism를 낳았다. 구상과 실행의 분리 및 직무의 세분화에 덧붙여 부품의 표준화와 컨베이어 벨트를 이용한 이동식 생산 공정을 결합한 생산 방식이다. 1910년경 포드 자동차공장에서 시행되어 노동자들을 한 자리에 고정시키고 끊임없이 운반되어 오는 대상에 작업하도록 했다. 그 결과가 효율과 생산성을 높이는 결과로 이어지자 여러 공장 시스템에 적용되었다.

　　반면, 생산성에 치중된 테일러주의Taylorism나 포드주의Fordism에 대한 비판도 일었다.

　　첫 번째는 인간의 도구화이다. 인간의 고차원적 욕구를 무시하며, 작업자를 기계의 부속물로 취급한다는 것이다. 두 번째는 작업자의 개인차를 고려하지 않는 작업 방식이다. 세 번째는 작업자가 작업지시를 일방적으로 수행해야만 하는 강압적 작업 방식이다. 작업자의 새로운 아이디어나 제안을 받아들이지 않으며 시스템화된 기계의 방식만 요구하는 것이다. 이러한 비판은 노동자 즉, 인간의 기계화, 로봇화를 거부하는 것에서 시작됐다.

현대사회를 지칭하는 용어로 맥도날드화McDonaldization란 말이 있다. 사회학자 조지 리처George Ritzer가 《맥도날드 그리고 맥도날드화》에서 사용한 용어로 패스트푸드점의 원리가 세상을 지배하고 있다는 의미이다. 조지 리처는 맥도날드화의 주된 요소로 네 가지를 꼽았다.

첫째, 효율성이다. 최단 시간에 최적의 효과를 내야 한다.

둘째, 측정 가능성이다. 판매량과 같은 객관적 요소로 평가 대상을 측정한다.

셋째, 예측 가능성이다. 표준화되고 획일화된 서비스를 제공하는 것이다. 어떤 매장에서나 동일한 품질을 제공한다. 현장 노동자들은 동일한 결과물을 만들어내야 하므로 반복적이고 정형화된 작업을 수행해야 한다.

넷째, 통제성이다. 단순 반복 작업에 투입되는 표준화되고 획일화된 고용자들로 기술에 의해 대체될 수 있는 인간을 의미한다.

인간사회에서 맥도날드화의 선례는 테일러주의나 포드주의이다. 기업의 조직, 공장자동화 라인, 물류 배송 벨트, 쇼핑센터, 고객 콜센터 등은 맥도날드화의 대표적 상징이다. 조지 리처는 현대사회가 효율성과 표준화를 통해 최적의 생산을 추구하지만, 인간의 비인간화를 초래할 수 있다고 지적했다. 인간의 도구화, 인간의 기계화가 이뤄지는 적나라한 과정이라는 것이다. 그럼에도 인간의 기계화는 생산성과 능률 향상이라는 명목하에 현대사회에서 되풀이되고 있다.

현대는 '기계의 인간화'로 빠르게 진행 중이다. 지능형 로봇, 휴머노이드, 사이보그, 로봇 사피엔스가 등장한 지 오래다. 자율형 자동차, 인공지능, 지능형 로봇이 출현하여 현장에서 자신들의 진가를 발휘하고 있다. 더 나아가 인간의 정신적, 인지적 능력까지도 대체할 수 있는 엄청난 능력으로 진일보할 것이 예견된다. 이미 로봇공학자, 기술 진보주의자들은 로봇을 인간의 한 부류로 생각하고 있는지도 모른다. 차후에는 생각하는 기능을 가진 움직이는 사물이므로 인간과 동일한 법적 권리, 존엄성에 대한 권리도 주어야 한다고 주장할 수도 있다. 로봇에게도 애정과 배려를 아끼지 않아야 한다는 도덕률을 적용하고 인격체인 로봇과 인간이 평등하게 상호 소통하는 시대를 예견하는지도 모른다.

과거부터 은밀히 진행된 '인간의 기계화'가 멈추지 않는 이 시대에 '기계의 인간화'는 우리 삶의 한복판에서 여지없이 진행되고 있다. 우리에게는 인간의 기계화보다 기계의 인간화가 더 좋은 일인가? 아니면 양쪽 다 두려운 것인가? 수준 높은 기계와 함께 살아가야 하는 시대에 인간에게 더 큰 편리함과 행복감을 가져다주는 방법은 무엇일까?

🔅 THINKING POINT

생산 현장에서 분업은 생산성을 높여주었다. 각자 맡은 간단한 일을 끝내고 다음으로 넘기면 다른 사람이 다음 작업을 수행한다. 컨베이어 시스템이 바로 그것이다. 생산을 위한 도구가 되는 인간을 찰리 채플린은 영화 '모던타임즈'로 비판했다. 그렇지만 이 시스템을 거부할 수 있는가? 인간의 기계화와 기계의 인간화 중 인간에게 유리한 것은 어느 쪽인가? 생활이 기계화되는 시스템이 어떤 행복을 가져오는가?

CHAPTER 02

대체 당하는 자의 슬픔

기계가 인간의 노동을 대신 해주는 희열은 짧았다. 그 뒤에 따라온 삶의 고통은 고스란히 인간의 몫이었다. 노동 현장을 빼앗긴 사람들은 자기 자리를 찾아 헤매야 했다. 생활은 불안했으며 겨우 적응한 일자리는 또 다른 기계가 점령해 들어왔다. 사회적 문제를 해결하기 위해 등장하는 새로운 기계, 대체 당하는 인간, 그 해결점은 무엇인가?

노예 노동에서
흑인의 비애

　1619년 23명의 흑인이 네덜란드 해적선에 실려 미국 버지니아 주 제임스타운에 도착한 이래 노예무역이 금지된 1807년까지 약 150만 명의 흑인 노예들이 미국에 팔려왔다. 20세기 초에 흑인의 90% 이상은 미국 남부에서 살며 농업에 종사했다. 남북전쟁 이후 흑인은 노예에서 해방된 정치적 자유인이었지만 경제적으로는 노예나 다름없는 종속된 삶을 살았다. 백인의 토지에 소작하며 삶을 이어갔고 지주에게 육체 노동을 제공해야 했다. 하지만 백인의 우월성과 차별 정책은 흑인 노동자를 더욱 무기력하게 만들었다.

미국에서 면화棉花가 본격적으로 재배되기 시작한 것은 일라이 휘트니Whitney Eli가 목화씨를 제거하는 씨아 또는 쐐기라고도 부르는 조면기繰綿機를 발명한 1793년 이후부터다. 노예가 잔혹한 감독의 채찍을 맞으며 짐승처럼 일하던 시대는 면화가 각광받기 시작한 18세기 말부터 19세기 전반까지이다. 그전까지는 노예 대접이 그리 혹독하지는 않았다. 흑인들은 대부분 목화농장에서 일했는데 목화 재배가 가장 노동집약적이었기 때문이다. 그만큼 목화를 재배하는 일은 매우 힘든 노동이었다. 흑인 노동자들은 들판에서 온종일 허리를 구부리고 무릎으로 기어 목화솜을 따야 했다. 거친 줄기와 손가락을 찌르는 마른 가시들이 온몸을 괴롭혔다. 보자기를 동여맨 커다란 주머니를 목에 걸고 목화를 따면 수확의 기쁨보다는 목과 어깨를 짓누르는 무게가 더 고통스러웠다. 동틀 무렵부터 해질녘까지 계속되는 노동만이 삶의 수단이었으므로 벗어날 길도 없었다.

이후 소작제도는 수확량 대비 노동자들에게 이익이 돌아가는 방식이었다. 간혹 어떤 노동자들은 수확량을 늘리는 요령을 터득해 분배금을 더 가져가기도 했다. 반대로 체력이 약하거나 손의 움직임이 느린 흑인들은 노동의 한계로 턱없이 적은 대가를 받았다. 하지만 열악한 노동 여건은 기존의 노예제도나 다를 것이 없었다.

1944년 흑인들에게 희망을 주는 사건이 일어났다. 일라이 휘트니와 피니어스 밀러가 목화 따는 기계를 개발한 것이다. 그 기계의 성과는 놀라웠다. 흑인 노동자가 한 시간에 목화솜을 딸 수 있는 양이 20파운드인데 반해 그 기계는 1,000파운드를 따냈다. 사람보다 50배의 일을 더 해낸 것이다.

목화 따는 기계는 흑인의 고된 육체 노동을 대체하며 수확량을 획기적으로 늘렸다. 흑인들에게 행복한 삶을 줄 것으로 기대됐다. 그러나 기대와 달리 정반대의 효과가 나타났다. 시간의 흐름에 따라 기계화된 농작 비율이 늘어났고 단순 노동력만 제공하는 흑인이 필요 없게 된 것이다. 목화 따는 기계 도입과 사회 환경의 변화로 하룻밤 사이에 농장주들은 흑인을 내쫓는 일이 비일비재했다. 흑인들은 집도 없고 일자리도 없는 처지가 되었다.

남부농장 지대에서 밀려난 흑인은 1940년부터 1970년 사이에 일자리를 찾아 북부로 이동했다. 당시 과학기술의 발달과 함께 제조업이 번성하면서 흑인들은 자동차공장, 제철소, 고무 생산 공장에서 일자리를 얻었다. 숙련공을 필요로 하지 않는 영역에서 일자리가 유지되면서 흑인들의 삶은 서서히 향상되었다.

그러나 1950년대를 지나면서 자동화가 제조업을 중심으로 확산되기 시작했다. 우수한 제조설비를 갖춘 새로운 공장을 짓고 산업 인프라가 잘 정비된 외곽 공업단지로 이전을 추진했다. 공장자동화와 도시 외곽으로의 공장 이전은 흑인들에게 또다시 슬럼을 안겨주었다. 자본가들은 공장의 교외 이전에 따른 상품 운송비용을 줄이기 위해 노동자 즉, 흑인에게 인건비 감액을 요구했다. 반노동조합 정서가 강한 사업주와 경영진의 정책은 노동조합의 약화를 위한 정책을 시행했다. 조합원 비율이 30% 이상인 흑인들에게는 불리한 정책이었다. 여기에 공장자동화가 위협적으로 추진되었다. 이때 자동차 생산도시로 유명한 디트로이트의 노동자 중 제조업 관련 종사자 수가 엄청나게 줄어들었다. 이중 자동화에 편승할 숙련된 기술을 가진 흑인은 거의 없었다.

《노동의 종말》 저자 제러미 리프킨은 미국 내 흑인의 역사를 전하면서 전미자동차노조UAW 관련 자료를 인용하여 다음과 같이 설명했다.

"흑인 노동자들은 몇 년 전부터 남부에서 목화 따는 기계에 밀려났다. 이제는 새로운 기계화의 희생물이 되었다. 1950년대 크라이슬러 자동차에서 7,425명의 숙련된 노동자 중 흑인은 단 24

명이다. GM의 1만 1,000명 노동자 중 숙련된 흑인 노동자는 67명에 불과했다. 1957년부터 1964년 사이에 제조물품 출하량은 2배가 늘어난 반면에 노동자의 숫자는 3% 줄었다."

공장에 도입된 수치 제어기술과 컴퓨터는 단순히 노동력만을 대체한 것이 아니다. 일하는 방식에도 변화를 주었다. 노동자들에게 육체 노동보다 지식을 동원하고 높은 사고력으로 문제를 해결할 능력을 요구한 것이다. 새롭게 등장한 지식기반의 산업은 화이트칼라나 서비스 노동자 등 교육 수준이 높고 기술을 가진 이들에게 더 많은 일자리를 제공했다. 교육 수준이 낮고 기술이나 기능의 수준을 높일 수 없는 흑인에게는 기회가 주어지지 않았다. 그로 인해 고용과 임금 수준에서 백인과의 격차는 더 벌어졌다.

결과적으로 흑인은 도시의 하층계급으로 전락했다. 하루 벌어 하루 먹고사는 흑인의 열악함은 오늘날까지 이르고 있다. 미 노동부가 2020년 발표한 고용지표를 분석한 결과, 코로나19로 대량 실직 사태에 직면한 미국에서 지난 2020년 6월 백인과 흑인 노동자의 실업률 격차가 5년 만에 가장 크게 벌어진 것으로 나타났다. 구체적으로 보면 백인과 흑인의 2020년 6월 실업률은 각각 10.1%, 15.4%를 기록해 직전 달보다 백인은 2.3%, 흑인은

1.4%가 각각 하락한 것으로 분석되었다.

기계화 자동화가 비숙련 노동자의 일자리를 감소시킨다고 예측했음에도 흑인들은 국가나 사회, 정책입안자들에게 보호받지 못했다. 기술 교육은 물론 사회보장제도에서조차 외면당한 것이다. 이로 인해 고도의 기술 직무에서 일할 기회를 상실하고 말았다. 당시 많은 시민 지도자나 흑인단체에서 이 문제에 접근했지만 흑인의 인권, 반차별법 폐지, 가난 문제 같은 인권 문제가 더 강하게 대두되는 시점이라서 적극적으로 반영되지 못했다.

지금도 흑인의 비애는 반복되고 있다. 오히려 더 커질 수도 있다. 기계화나 자동화에 밀려나 직업을 빼앗기는 사람도 있고 디지털 격차를 따라잡지 못해 소득의 격차가 벌어지는 사회적 불평등으로 인한 갈등이 증폭되기 때문이다. 억눌릴수록 반발심이 커진다는 원리가 여기에도 적용될 것이다.

그렇다면 기술의 발달로 인한 사회적 어두운 면을 정부가 나서서 밝혀줄 수 있을까? 우리 개개인은 가만히 기다리면 될까? 무엇을 준비해야 할까?

THINKING POINT

흑인 노예 사건은 인류사의 흑역사이다. 현재까지도 이어지고 있는 그들의 아픔은 결코 치유될 수도 회복될 수도 없다. 기술 발전이 그들의 삶에 끼친 영향력도 치명적이었다. 삶의 현장에서 기계에 의해 내몰린 그들은 가난을 대물림할 수밖에 없었다. 기계의 발전이 가져온 안락한 삶은 그들에게 그림의 떡이었다. 그렇다면 우리는 어떤가? 기술이 진보할 때 이에 편승해 그 혜택을 온전히 누릴 수 있을까? 혹시 도태되거나 추락할 위험은 없는가? 인류 역사에서 살아남는 법을 배운다면 무엇을 준비하고 어떻게 대응해야 할까?

말과
말똥 사건

    말은 인간의 육체 노동을 대체하기에 매우 유용한 창조물이었다. 짐을 나르고 이동수단으로서 쓰임새도 다양했다. 열 사람보다 말 한 마리가 운반하는 짐의 양이 훨씬 많았다. 농사를 짓는데 사람보다 훨씬 효율성이 높았고 사람의 육체적 고단함도 해결할 수 있었다. 힘의 단위를 표현할 때 말 한 마리의 힘을 표준으로 '마력ʰᵖ'이라 할 정도이다. 그런 말에게도 위기가 찾아 왔다. 대니얼 서스킨드는 《노동의 시대는 끝났다》에서 말똥의 사례를 들면서 일과 일자리의 변화를 언급했다.

    1890년대 '말똥 대위기Great Manure Crisis' 사건이 런던과 뉴욕에서 일어났다. 말은 런던과 뉴욕 등 대도시의 가장 흔한 교통수단이었다. 수백 마리에서 수천 마리에 이르는 말이 크고 작은 수레부터 화물용 마차, 승객용 마차 등 온갖 운송 수단을 끌고 거리를 누볐다. 그러나 이동수단으로서 말은 동원되는 숫자, 차지하는 공간과 먹이 등 관리와 말의 배설물 처리 문제를 고려하면 그다지 효율성이 높지 않았다.

도시가 번창하고 교통량이 많아지면서 말의 숫자가 늘어났다. 이에 따라 말의 배설물도 늘어나 골칫거리가 되었다. 도시 위기의 원인은 말똥만이 아니었다. 질병과 노쇠함, 사고로 죽은 말의 사체가 곳곳에 방치되는 것도 큰 문제였다.

당시 영국의 환경론자는 "1950년이 되면 런던의 모든 거리가 3m 정도 높이의 말똥으로 덮일 것이다."라고 우려했다. 뉴욕의 환경론자는 "말똥이 맨해튼의 3층 유리창까지 쌓일 것이다."라고 경고하기도 했다. 그러나 딱히 이에 대처할 방법이 없었다. 말이 농장에서나 이동수단으로서 매우 중요한 동물인지라 금지하고 통제할 수 없는 실정이었다.

설상가상으로 1872년에 역사상 손꼽히는 지독한 말 독감이 미국을 휩쓸었다. 말들이 죽어 나갈 때 미국 경제의 상당 부분이 멈춰 섰을 정도였으니 말 금지는 쉽지 않았다. 1898년 미국 뉴욕에서 세계 최초로 열렸던 국제도시개발회의의 핵심 안건은

'말똥'이었다. 말이 필수불가결한 도시 내 이동수단이었지만, 길거리에 마구 내질러대는 말똥은 공중위생 측면에서도 반드시 처리해야 할 최대 골칫거리였기 때문이다.

그런데 말똥 이야기의 반전은 엉뚱한 곳에서 일어났다. 1870년대 처음으로 현대적인 내연기관이 만들어졌고 이 기계가 자동차에 장착되었다. 그 뒤로 30년이 채 지나지 않아 헨리 포드가 시장에 대중형 자동차 '모델 T'를 내놓았다. 1912년이 되자 뉴욕에는 말보다 차가 더 많아졌다. 그리고 5년 뒤, 뉴욕의 마지막 말 트램은 역사 속으로 사라졌다. '말똥 대위기'는 그렇게 막을 내렸다.

자동차의 등장은 마부들의 엄청난 반발을 불러왔다. 19세기 영국에서 시행됐던 일명 '붉은 깃발법Red Flag Act'도 같은 맥락이다. 자동차의 등장으로 피해를 본 마부의 일자리를 지킨다는 명분으로 도입되었다. 1865년 제정된 이 법은 영국에서 자동차 한 대를 운행하려면 운전사와 기관원, 기수가 필요했다. 기수의 역할은 붉은 깃발이나 등을 들고 자동차보다 55m 앞서가며 자동차 길을 열어주는 일이었다. 이러한 비효율적이고 시대착오적 규제로 세계에서 자동차 산업이 가장 먼저 시작된 영국이지만 독일과 미국에 뒤처지고 말았다.

어쨌거나 자동차의 등장으로 말똥 사건은 해결되었다. 사람들은 이런 변화된 모습을 보고 기술이 인간의 문제를 해결해줬다고 흥분했다. 생물학과 기계라는 전혀 접점이 없는 문제가 사회적 고민을 해결한 사건으로 첨단기술의 승리로 받아들였다. 이로써 사회문제를 바라보는 관점이 바뀌기 시작했다. 열린 사고로 부딪힌 문제에 거시적으로 다가서기 시작한 것이다.

그러나 몇십 년 후, 경제학자들은 1890년대 말똥 대위기와 자동차의 대체 사건을 다르게 보았다. 기술이 승리한 것이 아니라 동물이 자기 일자리를 빼앗긴 것으로.

1973년 노벨 경제학상을 받은 미국 경제학자 바실리 레온티예Wassily Leontief는 "수천 년 동안 농장과 도시에서 인간과 함께 경제활동을 한 동물이 신기술을 탑재한 자동차에 그 자리를 빼앗긴 사건이다."라고 보았다. 그는 1980년대 초반에 잇달아 내놓은 논문에서 현대 경제사상에 불편함을 유발했다. 기술 진보로 말에게 일어난 일이 끝내는 인간에게도 일어난다는 주장이다. 즉, 기술이 인간을 일자리에서 몰아낸다는 뜻을 전한 것이다.

말이 자동차와 트랙터라는 기계에 밀려났듯 인간도 컴퓨터와 로봇, 인공지능에 대체 당할 것이라는 의미이다. 이에 반론을 제기하는 사람도 있다. 인간은 말과 달라서 스스로 학습하고 성장할 수 있다는 것이다. 교육으로 더 나은 방법을 추구하고 인간이 이를 조정하고 제어한다고 주장한다. 기술의 과도기인 현재는 누구의 주장이 맞다고 딱 잘라 결론 낼 수 없다. 단지 인류는 공동체의 번영을 외치며 미래의 기술에 열렬히 환영하는 중이다.

이동수단에서 제외되고 노동을 대체하는 도구로서의 말은 사라졌다. 하지만 말은 인류사에 그 족적을 충분히 남겼다. 엔진의 힘을 나타내는 표기 단위인 '마력'은 아직도 사용되고 있다. 수레를 끌 때 사용하는 말의 견인력이 노동의 척도였기 때문이다. 자동차의 엔진 단위, 전기모터의 힘의 크기, 기관차의 파워가 마력으로 표시되는 이유이기도 하다. 인간이 노동의 주체이지만 노동을 통제하고, 도구와 수단으로서의 기계를 평가하기에 마력이라는 용어를 사용하는 것으로 보인다. 달리 말하면 말은 인간의 도구였고 인간이 사용의 주체이자 평가자였다는 말이다.

만일 먼 미래에 생각하는 기계나 로봇이 사람의 일을 대체한다면 '마력HP:Horse Power' 대신 사용하게 될 단위는 무엇일까? 생각하는 기계가 노동의 주체가 되고 인간은 보조자 역할만 한다면 '인력HP:Human Power'이라는 용어를 사용할지도 모른다. 인력HP이라는 단위에 들어갈 요소는 업무 처리량, 업무속도, 인지 사고력 크기의 척도가 될 것이다.

도구를 사용하는 인간은 생존력이 강했다. 자연물을 이용하거나 동물을 수단으로 사용해 생명을 유지하고 편익을 도모했다. 특히 말은 이동수단으로 각광받았다. 그러나 자동차의 출현으로 제 역할을 잃어버리고 말았다. 일자리를 잃은 마부를 위해 세운 사회 대책은 영국을 자동차 산업에서 뒤처지게 했다. 이 사건은 많은 질문을 던진다. 기술과 인간 중 무엇이 우선되어야 하는가? 기술의 도모인가. 아니면 더불어 사는 사회인가?

자율주행 시대가
열린다

　몇 달 전 10년 가까이 애용하던 승용차를 팔고 새 차를 구입했다. 새 차를 운전하며 그동안 자동차 기술이 획기적으로 발전했음을 알았다. 품질 수준, 감성적 디자인, 주행성능, 안전장치 등 안전성과 편리함까지 갖추고 운전자의 피로를 줄여주었다.

　새로 구입한 차에는 'ADAS^{Advanced Driver Assistance System}'라고 불리는 '첨단 운전자 보조 시스템'이 장착돼 있다. 이 시스템은 앞차와의 거리를 유지하면서 일정한 속도로 달리는 '스마트 크루즈' 기능이 대표적이다. 조작 버튼 몇 개를 설정하면 운전자의 핸들 조작이나 브레이크 작동 없이도 스스로 정해진 속도를 지키고 앞차와의 거리를 유지하며 반자율주행을 한다. 신기할 정도로 속도와 차선을 지키며 달리고 앞에 차가 일정 거리 안에 들어오면 스스로 멈추고 앞차가 출발하면 사람이 운전하는 것보다 더 빠르게 반응한다. 자동차 10대가 같은 기능을 사용하여 1열로 운행한다면 10개의 객차를 단 기차가 일정한 속도로 막힘없이 운행하는 모습일 것이다.

고속도로에서는 네비게이션과 연동되어 과속단속 카메라가 있거나 곡선도로에서는 스스로 속도를 줄여 안전하게 주행한다. 이로 인해 운전 중임에도 나의 손뿐만 아니라 발도 자유로워졌다. 최첨단 기술의 혜택을 직접 받는 것 같아 차량에 탈 때마다 매우 흡족하다. 물론 자동차 자율주행의 최종 완성단계가 레벨 5라면 현재는 레벨 2 수준을 이용한다고 한다. 운전대에서 손을 놓거나 전방 주시를 게을리해선 안 되지만 이전에 탔던 차보다 성능과 기능이 놀랍도록 탁월하다.

이제 완전자율주행차가 시판되는 것은 시간문제이다. 3년 내로 상용화가 되지 않을까 조심스럽게 예측해본다. 그렇게 되면 '운전'에 따른 동사가 바뀌지 않을까 싶다. 기존 "차를 몰다.", "운전대를 잡다."에서 "차를 작동시키다."로 운전의 개념이 바뀌는 것이다. 그만큼 자동차 기술의 발달은 타의 추종을 불허한다.

반자율 자동차를 산 뒤 초기에는 도로 주행에 불안감이 들었다. 내가 직접 운전을 하며 조정하지 않고 자동차에 내 생명을 맡기기 불안했다. 영업사원은 차가 안전하다고 거듭 강조했지만 기계를 전적으로 믿을 수 없었던 나는 운전 중에 핸들을 돌리고 브레이크를 밟았다. 수 개월이 흐른 지금도 반자율주행 시스템을 사용할 기회가 많지 않다. 일단은 기계에 대한 불안감이 크고 다음은 도로 주행상 우리의 교통 환경에 위험 요소가 너무 많기 때문이다.

2017년 미국의 'Pew Research Center'에서 자율주행차에 대한 일반인의 인식도를 조사한 적이 있다. 당시 미국인 응답자의 56%는 자율주행차에 탑승하지 않겠다고 했다. 자율주행차를 꺼리는 이유로 생사가 달린 문제를 기계에 맡기기 어렵다는 점을 꼽았다. 하지만 생각해보자. 우리는 버스, 택시가 내는 교통사고를 자주 접하면서도 이들 교통수단을 꾸준히 이용해오고 있다. 심지어 처음 보는 사람인 대리기사에게 자신의 자동차 열쇠를 내준다. 정말 사고위험이 문제라면 버스를 타고 대리기사에게 운전을 맡기는 현상은 어떻게 설명할 것인가? 이 또한 자기 목숨을 남에게 맡기는 꼴이다. 상대가 사람이냐 기계냐의 차이뿐이다. 달리 말하면 사람은 신뢰하고 기계는 신뢰하지 않는다는 사람의 심리이다. 아무리 기계가 뛰어나다고 할지라도 전체적인 상황을 맡길 수 없다는 판단이다.

자동차 회사뿐 아니라 구글, 애플 등 거대 ICT 업체들은 자율주행차 개발에 열을 올리고 있다. 이미 기술적인 문제는 상당 부분 해결이 되었다고 보인다. 자율주행차의 걸림돌인 몇 가지 중 안전성과 가격문제는 시간이 지나면서 해결될 것으로 보인다. 과거 기계화 시대에도 그랬듯이 기술이 진보하고 대량생산되면서 자동차 관련 부품가격은 내려간다. 이에 따라 자동차 가격도 대중들이 감당할만한 수준으로 떨어질 것이다. 오히려 자율주행차 상용화의 걸림돌은 사회적, 법적, 윤리적인 문제일 것이다.

- 운행 중 신호체계를 위반하는 사람이나 상대 차량이 있다면 어떤 선택을 할 것인가?
- 사고 발생 시 책임은 프로그래밍한 제조사의 책임인가 운전자의 책임인가?

우리 사회는 새로운 문물이 등장했을 때 이에 합당하는 제도와 법적, 윤리적, 사회적 체계를 재정비하면서 발전해왔다. 마차가 거리를 누비던 시절이나 자동차가 등장하면서 교통질서, 사고 책임, 속도 등 여러 문제가 발생했지만 사람과 기계의 조화를 위해 법과 사회 인식이 바뀌었다. 자율주행차도 그런 과정을 거쳐 우리 삶에 가까이 올 것이다.

자율주행차가 상용화되면 사람은 어떤 상황과 맞닥뜨리게 될까? 먼저 운전하는 직업 자체가 없어질 확률이 높다. 택시나 고속버스 같은 대중교통 운전사나 대리운전 기사의 직업군이 사라질 것이다. 운전면허 학원이나 면허증 발급 기관도 필요 없게 된다. 현재 자동차 회사의 사업방식과 경쟁사, 직원들에게 요구되는 능력도 완전히 변한다. 운송과 물류 산업에도 영향을 줄 것이다. 이것들은 이미 예견되는 변화들이다.

도로건설 관련 일은 어떤가? 고속도로를 생각해보자. 휴일 교통 정체는 교통량이 많은 구간에서 상습적으로 나타난다. 특히 설이나 추석 같은 명절에는 귀성길 행렬로 인해 고속도로가 곳곳이 마비된다. 교통체증의 원인은 교통량의 절대 증가로 인한 것도 있지만 교통사고, 도로 공사, 병목 현상으로 나타나기도 한다. 특별한 이유가 없는데 차가 막히기도 한다. 사고가 난 상황도 아닌데도 고속도로가 막히는 원인 중 하나가 '유령 체증Phantom jam' 때문이라고 한다. 특별한 원인 없이 막히는 현상으로 눈에 보이지 않는 유령이 도로를 점령한 것과 같다 하여 유령 체증이라는 이름을 붙였다.

영국 엑시터·브리스톨대학과 헝가리 부다페스트대학 공동 연구팀은 2007년 영국 최고 권위의 왕립학술원Royal Society 논문에서 운전자들의 '반응 시간 지체Reaction-time delay'를 '유령 체증'의 원인으로 꼽았다.

인간의 판단력은 출발과 정지 반응이 느리거나 불규칙하고 앞차와의 거리를 두는 인지력이 운전자마다 다르다. 이로 인해 고속도로에서 갑자기 차선변경이나 운전자의 부주의, 속도 급감의 상황이 발생했을 때 그 뒤에 있는 차는 브레이크를 밟아 속도를 줄인다. 이때 약 1초 정도의 반응 지체시간이 발생하는데 뒤에 오는 다른 차량까지 반응 지체시간이 쌓이게 되면 결국 뒤에서는 정체 현상이 일어나게 되는 것이다. 앞차가 다시 출발하더라도 운전자마다 즉각 반응하는 속도가 달라 출발이 동시에 이루어지지 않는다. 이로 인해 앞차와의 거리가 벌어진다.

반응 시간 지체 현상을 연구한 영국과 헝가리 대학 연구팀은 도로 1㎞ 구간에 34대까지는 정체가 생기지 않으며 이론적으로 차량이 증가해도 똑같은 속도로 달리면 도로가 막히는 일은 없다고 했다. 그렇다면 자율주행차는 반응 시간 지체 현상을 해결하고 교통체증을 줄일 수 있을까?

UC버클리대학 스티븐 실라도버 교수에 따르면 자동차는 고속도로 면적의 약 5%만 사용한다고 전했다. 전체 고속도로 면적의 95%는 비어 있다는 것이다. 사고 예방과 안전거리를 유지하기 위해 많은 거리를 두거나 시간대별로 이용률 격차가 크기 때문이다. 그런데 자율주행차가 나오면 출발과 정지 반응이 즉각적이어서 차간 거리를 좁히고 일정하게 운행할 수 있다. 따라서 사람이 운전할 때보다 도로의 빈 공간이 많이 줄어든다. 그로 인해 교통체증이 대부분 사라지고 도로가 한결 여유로워진다. 이렇게 되면 고속도로를 새로 건설할 필요성이 없어지고 관련 일자리가 대폭 줄어든다. 대신 자율주행차를 위한 교통정보 시스템 구축, 도로의 유지 정비, 도로 시설 및 설비 보수 관련 일만 남게 된다.

다른 관점에서 자율주행차의 영향을 생각해보자. 운전자의 수용성 문제와 편리함이 주는 이익이다. 자율주행차의 문제 중 가장 높은 장벽은 운전자들의 수용성 문제이다. 운전자가 판단하고 조작하는 대로 반응하는 운전의 맛을 느끼던 운전자가 자율주행차에 모든 것을 맡길까? 폭주족 수준의 욕망을 분출하는 게 아닐지라도 자신이 생각한 대로 반응하지 않으면 아무리 안전한 차량이라도 운전의 몰입감과 성취감을 느끼지 못할 것이다.

강력하고 정교한 기계장치에 차량 통제권을 넘겨준다면 차 안에서 무엇을 할 수 있을까? 영화를 볼까? 아니면 책을 볼까? 마무리가 덜 된 일을 위해 화상회의를 하면서 퇴근을 할까? 원하는 것은 무엇이든 할 수 있을 것이다. 그러나 가치나 의미 있는 일보다 시간 소비에 그칠지도 모른다. 실제로 운전자가 따로 있는 대중교통을 이용할 경우 스마트폰 이용을 많이 하듯 우리의 생활

패턴을 생각해볼 때 인터넷 쇼핑, 전화 통화, 영화감상 등 각종 콘텐츠 소비가 주류를 이룰 것이다.

편리하고 안전한 만큼 인간의 생각하는 힘은 점점 약해지고 있다. 식섭 운전을 할 때는 두뇌를 쉬지 않고 움직인다. 교통상황, 안전문제, 공간지각력, 회사일, 자신에게 직면한 고민도 떠올리면서 생각을 정리하기도 한다. 운전이 피곤한 이유는 장시간 앉아 있어야 하는 육체적 피로보다 끊임없이 두뇌 운동을 해야 하기 때문이다. 이제 이러한 두뇌를 활발하게 사용할 기회들이 점점 줄어든다면 기계에서 편리함을 얻은 만큼 인간의 사고 수준은 더 감소할지 모른다.

🔅 THINKING POINT

바야흐로 자율주행차 시대가 열렸다. 시작 단계이지만 사람들의 기대감은 높다. 자동차 운전이 주는 피로감과 위험성에서 해방되기 때문이다. 하지만 사회적으로 여러 과제도 안겨주고 있다. 사고의 책임이나 법, 일자리 문제 등은 자율주행차가 대중화되기 전에 제도가 마련되어야 한다. 또한, 개인적으로 운전을 기계에 의존했을 때 우리는 무엇을 할 수 있을까 고민해야 한다.

CHAPTER 03

도구의 위력 앞에
서 있는 인간

주먹도끼로 찍고 자르던 구석기 시대에는 손안에 들어온 이 도구의 활용으로 쉽게 사냥하고 채집했다. 단지 바위에서 떼어낸 돌조각일 뿐이었다. 도구를 사용해본 인간은 그 편리성을 포기할 수 없었다. 뼛조각을 이용하거나 불에 녹인 청동이나 철을 발견하기에 이른다.

오늘날은 어떤가? 상상 그 이상의 도구를 만들어낸다. 이제 당신 손안엔 무엇이 있는가? 그 기계가 어떤 역할까지 하는가? 도구의 위력은 끝없이 강해지고 있다.

인간을 위한 도구에서
출발했다

인류의 역사는 어떤 도구를 사용했는지에 따라 시대를 구분한다. 맨손이던 원시시대, 돌을 이용한 석기 시대, 청동기 시대와 철기 시대 등 도구에 따른 분류법이다. 근대로 오면서 기계를 사용한 산업화 시대, 로봇이나 인공지능 등 생각하는 기계를 쓰는 인공지능 시대로 나뉜다.

기본적으로 인간은 필요한 에너지를 일단 자신의 몸 안에서 만들어낸다. 우리 몸에는 그 일을 맡아서 처리하는 동력 생산 장치가 있다. 무거운 것을 들어 올릴 때는 손이 동력원이 되고 멀리 이동할 때는 발의 힘을 빌렸다. 그러다 인간이 하기 힘든 일은 외부의 힘에 의존하기 시작했다. 바로 도구이다.

인간은 도구를 사용함으로써 영양 섭취가 쉬워졌다. 자신의 안전을 위해 방어할 줄 알고 먹거리를 구하기 위해 도구를 사용했다. 도구가 거대한 어금니, 손톱, 근육을 대체했다. 이에 따라 두뇌는 더 많은 에너지를 소모하도록 진화했다.

돌멩이로 열매를 깨는 원숭이, 나뭇가지로 벌레는 잡는 새 등 다른 동물들도 종종 도구를 사용한다. 하지만 동물은 도구 없이 생존하는 데 별문제가 없지만, 인류의 조상들은 그렇지 못했다. 인간은 생물학적으로 약점이 있었고 도구를 사용하여 약점을 보완해야만 했다. 인류의 조상인 구석기인들에게 도구는 생존의 문제였다.

다윈의 표현을 보면 인간의 진화에서 도구의 역할을 이해할 수 있다.

"부족의 영리한 누군가가 새로운 덫이나 무기를 고안할 경우 다른 이들 역시 그를 따라함으로 쉽게 이득을 얻을 수 있게 되고, 결국 누구나 이로 인한 이득을 보게 된다."

인류의 생존 과정에서 도구를 만들어 사용하는 지능과 도구를 다루는 손재주는 필수였다. 환경과 상황에 적응하고 발전시켜야 살아남을 수 있었다. 개발되고 응용되는 몸과 도구의 사용은 인류에게 편리함을 주었고, 생존과 발전의 관성 작용으로 현생 인류가 되었다. 반면 적자생존의 원리에 적응하지 못한 소수 무리는 불편함을 지닌 채로 살거나 낙오되었다.

도구는 신체 일부의 특정한 기능을 훨씬 더 효율적으로 수행하도록 고안된 형태이다. 현재 남아 있는 인류의 유물 중 가장 오래된 것은 호모하빌리스가 남긴 주먹도끼인데, 돌 끝을 뾰족하게 깎은 돌덩어리에 불과하다. 그러다 호모하빌리스보다 훨씬 지능이 높은 호모사피엔스의 세련된 도구가 등장하면서 인간은 더 많은 일을 정교하게 수행하게 되었다. 예를 들어 둥그런 바퀴의 형태는 인간이 걸을 때 쓰는 다리와 전혀 닮은 데가 없다. 그러나 바퀴가 달린 수레를 타고 공간을 이동해보면 그것이 인간의 다리보다 효율적이라는 것이 확인된다. 이로 인해 인간의 부족한 기능인 에너지원, 피곤함, 속도를 대신하는 도구들이 순차적으로 발명되었다. 인간이 점점 탁월한 도구를 제작할 수 있었던 이유는 기능의 측면에 집중했기 때문이다.

가장 획기적인 사례는 1차 산업혁명을 불러온 증기기관과 2차, 3차 산업혁명을 이끈 전기 기계장치, 컴퓨터 등이다. 지금의 산업용 로봇이나 지능형 로봇을 보면 팔과 다리 등 인간 신체의 유사성을 가지면서 인간의 요구를 충족시켜주는 수준까지 개발되고 있다. 이런 로봇을 가리켜 휴머노이드humanoid라고 부른다.

　인간은 도구로 기계를 개발하고 있으며, 이 도구는 외형을 갖춘 물질적인 특성만을 의미하지는 않는다. 일을 보다 빨리 처리하고 추상적인 형태를 정립하면서 문제를 해결하기 위한 무형적(두뇌 정신적)인 도구도 사용한다. 연상 작용을 하는 마인드맵, 디자인 씽킹 등 창의력 개발도구, 덧셈 뺄셈을 빨리하는 수학 공식, 조직이나 이슈를 파악하는 SWOT 분석, 학문 연구나 컨설팅을 하는 각종 분석 프레임이 그 예시이다.

　이처럼 외형적, 무형적 도구 개발로 현대는 도구가 질적·양적 규모에서 인간을 압도하기에 이르렀다. 지능형 로봇, 인공지능, 자율주행차 등 기계들이 생각하는 수준에 도달한 것이다. 수년 전 한국 바둑의 대가 이세돌 9단에 이어 세계 바둑 챔피언 커제 9단까지 꺾은 구글의 인공지능(AI) 알파고가 대표적인 미래 기계이다. 알파고는 예전 기보를 참고하지 않은 채 혼자 바둑을 두면서 독학으로 실력을 키웠다. 자신을 스승으로 삼아 일취월장하는 모습은 인간조차 쉽지 않은 일이다. 그래서 알파고와 이세돌의 대결로 인공지능이 인간의 지능을 따라잡았다거나 인간의 영역이 더 좁아졌다는 등 우려 섞인 주장들이 나오는 것이다. 하지만 아직은 인간의 도구로서 존재함이 확실하다. 구글의 발표 역시 알파고가 자율 의지가 없는 '사람의 도구'라고 강조했다.

알파고를 만든 구글의 자회사 '딥마인드' 데미스 허사비스 최고경영책임자[CEO]는 "범용 AI는 과학자, 의사, 간호사에게 놀라운 도구이다. 질병을 진단·치료하고 신약을 개발하고 '단백질 접힘 현상' 같은 복잡한 연구를 할 때 AI가 큰 도움이 됐으면 좋겠다."라고 강조했다

인간의 도구로 존재하는 인공지능의 한계를 유머로 표현한 글이 있다. 어느 식당의 '매생이 전복죽' 메뉴가 있었다. 매생이는 파래처럼 생긴 녹조류 중 하나로 영양식으로 알려져 있다. 국이나 죽, 전으로 만들어 먹는 음식이다. 특히 전복을 넣어 죽으로 먹으면 맛있다. 이 매생이 전복죽을 영문으로 표기하고자 인공지능 번역기를 사용했더니 'every life is ruined'라고 나왔다. 모든 삶이 망가져버리는 메뉴가 되어버린 것이다. 또한 동해안 영덕의 유명한 '대게'는 'usually'로 번역된다고 하니 실소를 금할수밖에 없다. 사실 확인을 위해 번역기를 돌려보지는 않았지만 인공지능의 한계를 드러내는 사례이다.

빅데이터나 상상할 수 없는 경우의 수를 적용해 결과를 도출하는 인공지능일지라도 문맥이나 글의 맥락을 파악하지 못하고 문화적 요소를 이해하지 못하는 맹점을 드러낸다. 결국 인공지

능은 인간의 도구가 될 수밖에 없음을 증명하는 것이다. 도구라서 인간의 약점을 보완해주고 도움을 줄지언정 명령을 내려고 임무를 결정하는 건 인간의 영역임이 분명하다.

지능형 로봇 등 높은 수준의 기계들이 개발되고 인간의 능력을 대체하기 시작하자 결국에는 기계에 인간이 지배당하는 건 아닌지 우려가 나오기 시작했다. 하지만 역사적으로 이러한 불안은 증기기관, 자동화 기계, 컴퓨터 등 새로운 도구가 만들어질 때마다 돌출되었다. 이를 슬기롭게 넘어서기 위해서는 역사와 선인들의 지혜를 끌어모아야 한다. 새로운 기계, 도구의 등장을 어떠한 관점으로 받아들일지 질문하고 고민해야 한다.

"앞으로 우리 일자리는 어떻게 될 것인가?", "미래는 어디로 가는가?"와 같은 어두운 질문보다 "도구를 어떻게 사용할까?", "도구를 이용해 내가 할 수 있는 일은 무엇일까?"라는 질문과 고민이 더 중요하다. 인간은 기계를 고안한 순간 기계의 환경에 스스로 적응해야 한다. 과거에 주먹도끼가 그랬듯이 수준 높은 기계는 인간에게 필수불가결한 조건이다.

기계 기능을 제대로 알아야 활용할 수 있다. 스마트폰의 기능과 특성을 알아야 유용하게 사용할 수 있는 것이다. 기계에 적응하기 위해 수고로운 학습을 해야 하는 불편함도 있다. 그렇지만 도구의 발전은 생각보다 느리다.

돌도끼 시대는 백만 년 이상 지속되었다. 50만 년 전 창이 나타났고 가장 오래된 화살촉은 9만 년 전의 것이다. 걱정과 불안보다는 인간이 왜 도구를 만들었는지 근본적인 질문을 짚어 가면 새로운 기계를 이용할 유용하고 실질적인 관점이 생길 것이다. 이러한 철학적인 사고가 인류의 미래를 열어갈 것이다.

·ᵜ· THINKING POINT

'진화'라는 단어는 생명체에게만 적용 가능한가? 기계도 진화하는가? 우리는 이제껏 기계의 발전은 진화라는 말보다 성능 개선, 품질 향상, 업그레이드라는 단어를 사용했다. 기술의 진화라는 단어는 전자회사 CF에 나왔던 것 같다. 기계가 생명을 가진 인간과 유기적 관계라는 설명일 것이다. 과연 그런가? 그렇다면 인간만의 영역은 어디에 무엇으로 존재하는가?

기술은
상상보다 느리다

1968년 스탠리 큐브릭 감독은 영화 '2001 스페이스 오디세이'를 제작했다. 인류에게 문명의 지혜를 가르쳐준 검은 돌기둥의 정체를 밝히기 위해 목성으로 향하는 디스커버리호 안에는 선장 '보우만'과 승무원 '풀', 전반적인 시스템을 관장하는 인공지능 컴퓨터 '할HAL9000'이 탑승했다. 평화롭던 우주선은 HAL9000이 스스로 '생각'하기 시작하면서부터 위기를 맞는다.

이 영화는 1960년대 작품으로 인간이 달에 가기 전에 만들어졌다. 인간의 상상력을 무한히 반영한 영화이며 모든 우주 공상과학 영화의 모태이기도 하다. 큐브릭 감독은 영화제작 당시 각 분야의 전문 연구자에게 기술 자문을 구했다. 그 결과로 탄생한 인공지능 HAL9000의 능력을 살펴보자.

먼저 HAL9000은 우주선의 모든 기계를 통제하는 능력을 가졌다. 행성 간 이동이나 불시착, 급변하는 우주 환경에 대처할 방법을 안다. 이를 위해 언어처리, 음성인식, 대화, 얼굴인식, 감성표현, 추론 등 심지어 자기인식 능력까지 지니고 있다. 2020년대에 우리가 알고 있는 인공지능 개념과 아주 흡사하다. 영화 제목의 '2001'은 영화의 시대적 배경이 되는 해를 의미하는데 지금으로부터 20년 전이다. 1960년대 중반 영화제작을 자문한 학자들 생각에는 30년 정도 연구하면 HAL9000과 같은 인공지능 컴퓨터를 구현할 수 있다고 본 것이다. 실제로 알파고 같은 인공지능 기계가 사람을 상대로 승리는 거두는 상황까지 이르렀으니 그들의 예견이 일정 부분 맞았다고 볼 수 있다.

하지만 냉정하게 평가하면 오늘날의 인공지능 컴퓨터는 HAL9000 능력의 1%에도 다다르지 못한다. 인공지능의 개발이 현실적인 한계에 부딪혀 더디게 진행되고 있는 것이다. 알파고가 승리한 지 10여 년이 되었지만 인공지능의 획기적 기술계발은 이루어지지 않고 있다. 솔직히 기대치에 못 미치고 있다. 이는 기술의 개발이 우리 생활에 완전히 들어오기까지 생각보다 오래 걸린다는 얘기의 반증이다.

또 하나 자율주행차의 사례를 보자. 자율주행차가 사람들의 눈길을 끈 것은 이미 오래전이다. 테슬라, 메르세데스 벤츠 같은 자동차 회사뿐 아니라 구글, 애플 등 정보기술(IT) 기업도 앞장서서 무인차 기술을 개발하고 있다. 놀라운 기술이지만, 자동차 기술의 발전사에서 보면 무척 새로운 기술도 아니다. 테슬라보다 30년 전에 이미 한국에도 무인자동차가 있었다.

1993년 6월, 승용차 한 대가 고려대 서울캠퍼스 교문을 빠져나왔다. 당시 고려대 산업공학과 한민홍 교수가 기존 자동차를 개조해 만든 자율주행차였다. 이 자동차는 서울 청계고가차도와 남산1호터널, 한남대교를 거쳐 여의도 63빌딩까지 약 17㎞ 구간을 자율주행했다. 이 차량은 카메라를 통해 들어오는 영상을 스스로 분석해 차선을 지키고 앞차와의 거리를 유지했다. 차선을 바꾸는 기술은 아직 없었다. 한 교수는 "시험 주행장을 달린 사례는 있지만 자율주행차가 도심을 누빈 것은 세계에서 처음이다."라고 말했다.

한 교수팀은 카메라와 센서를 통해 들어오는 차선, 신호등 영상, 앞차와의 거리 같은 정보를 컴퓨터가 분석해 속도를 조절하고, 필요하면 차가 멈추게 했다. 지금의 자율주행차에 적용되는 기술 형태와 큰 차이가 없다. 이것은 세계에서 가장 앞선 기술이었다. 2년 뒤인 1995년에는 서울에서 부산까지 경부고속도로를

달렸다. 한 교수는 "국제학회에서 성과를 발표한 뒤 독일 벤츠와 폴크스바겐이 기술을 배우러 왔다."라고 했다. 하지만 세계 최초로 시내 주행을 가능케 했던 기술은 국내 자동차 산업으로 연결되지 못했다. 정부의 정책 변화, 부족한 1%의 기술문제로 상용화 지연, 소비자의 인식문제, 부품 공급체계, 법 규제의 걸림돌과 경제성 등 여러 문제가 겹쳐 대두되었기 때문이다. 이처럼 하나의 획기적인 기술 발전이 우리 생활에 들어오기까지는 많은 시간이 소요된다.

로봇 및 인공지능의 기술 발전은 이미 변곡점을 지났다. 조만간 인간 수준에 이를 것이라는 전망이다. 성능 향상과 가격 하락에 힘입어 로봇 및 인공지능의 인력 대체도 가속화되고 있다. 그러나 인공지능이나 로봇 산업에 종사하는 사람들은 즉각적이고 대대적인 인간 대체는 쉽지 않다고 입을 모은다. 그 이유는 최근 놀랄 만한 신기술 사례에도 불구하고, 인공지능이나 알고리즘 기술이 인간 수준으로 발전하려면 여전히 오랜 시간이 필요하기 때문이다.

'모라벡의 역설Moravec's Paradox'이라는 말이 있다. 미국의 유명한 로봇 공학자 한스 모라벡은 "인간에게는 어려운 일이 로봇에게는 쉽고, 인간에게 쉬운 일이 로봇에게는 어렵다."라는 말을 통해 로봇 및 인공지능 기술 개발의 어려움을 토로한 바 있다. 다름 아닌 연산량 때문이다. 계산, 논리, 추론 등 고차원적인 작업은 결국 데이터와 로직 문제로 알고리즘을 잘 구성하면 해결가능하다. 하지만 어린이도 쉽게 하는 인지나 동작 활동은 눈, 귀, 코, 손, 발의 기민하고 원활한 협력 반응을 수반하기 때문에 방대한 연산 능력이 요구된다. 이는 로봇이나 인공지능이 인간의 지능을 모방하더라도 인지, 감성, 감정을 유발하지 못하기 때문이다. 이로 인해 로봇과 인공지능의 부분적인 개발 성과를 조합하고 연동하기란 매우 어려운 난제이다.

미국의 경제학자 타일러 코웬 교수는 기술의 진화를 다음과 같이 4단계로 정리했다.

1단계 : 인간보다 열등하다.
2단계 : 인간과 동등하다.
3단계 : 인간을 보조한다.
4단계 : 인간을 대체한다.

이 단계에 맞춰 인간과 기계의 대결에서 승리한 체스 기계를 살펴보자. 체스 기계는 탄생에서 2단계 통과에 20년, 3단계 통과에 10년 이상 걸려 총 40년이 걸렸다. 컴퓨터 체스는 게임 규칙이 간단하고, 경우의 수가 64개(가로 8칸 × 세로 8칸)에 불과하다. 인공지능을 구현하기 쉬운 분야임에도 불구하고 30~40년이 걸린 것이다.

인공지능 분야의 세계적인 권위자로 알려진 호주의 뉴사우스웨일즈대학 교수 토비 월시Toby Walsh는 인공지능의 기원과 발달 단계를 다음과 같이 4단계로 나누어 설명한다.

1단계 : 약한 인공지능

2단계 : 일반 인공지능

3단계 : 초지능

4단계 : 강력한 인공지능

약한 인공지능은 특정한 영역에서 인간과 비슷한 능력을 보여준다. 현재 부분적으로 실현되어 바둑이나 폐암 진단에 활용되고 있다. 일반 인공지능은 모든 영역에서 인간과 비슷한 능력을 지닌다. 초지능이 되면 가장 뛰어난 인간보다 훨씬 똑똑해진다. 월시 교수는 인간의 힘으로 초지능 단계까지는 실현 가능하다고 예측했다. 그러나 강력한 인공지능 단계는 부정적으로 본다. 인간만이 갖는 의식이나 감정을 가졌으면서도 인간보다 비교할 수 없이 뛰어난 기계를 말하기 때문이다.

월시 교수는 이러한 인공지능은 불가능하다고 주장한다. 수확 체감의 법칙을 원인으로 드는데 과일나무가 처음에는 빠르게 성장하고 마음껏 따 먹을 수 있지만, 과실의 수확에는 한계가 있어 어느 순간이 되면 성장하지 못하는 단계에 부딪힌다는 말이다. 즉, 어떤 측면의 기술이 기하급수적으로 발전하더라도 해결해야 할 문제들이 그보다 더 빠른 속도로 쌓여가므로 지능의 향상에 제한이 걸린다고 본 것이다.

컴퓨터의 정보처리 속도는 수십억 사이클의 스피드를 가지고 있다. 반면 인간의 뇌는 초당 수십 사이클에 지나지 않는다. 생각하는 기계의 지능은 인간에 의해 프로그래밍 된다. 따라서 인간 초월적 기계를 구상할 수는 있지만 구현해내기는 어렵다는 결론이 된다. 이를 생각하면 스스로 자신을 향상시키는 기계가 나타나는 시점은 오지 않을 것으로 본다.

얼마나 다행스러운 예측인가. 인공지능 전문가가 생각하는 그런 기계의 등장은 불가능하다. 기계와의 경쟁에서 인간이 지지 않을 테니 안심할 만하다. 영화 '2001 스페이스 오디세이'에서 놀라운 것은 기술 진보보다 인간의 상상력이다. 1960년대에 인공지능을 생각해내고 기계 대 인간의 대결과 갈등을 그린 이야기는 의미가 있다. 관객에게 공상을 현실적으로 그려주기 때문이다. 그러나 미래의 상상은 현실로 성큼 다가오지 않는다. 천천히 소리 없이 올 것이다. 하지만 이를 너무 두려워하지 말자. 기술의 발전에는 생각보다 더 많은 시간이 필요하다. 그만큼 우리가 미래를 준비할 시간도 충분하다.

-͟͞ ᑭ- **THINKING POINT**

불과 10여 년 전에는 상상하지 못했던 기술이 현실이 되고 있다. 이에 미래에는 기술이 어디까지 발전할지 기대를 모은다. 그러나 기술력은 인간의 상상력을 초월하지 못한다. 상상력을 근거로 기술력이 발전하므로 생각보다 그 속도가 빠르지 않다. 상상력은 시공간 초월이 가능하지만 기술은 단계에 맞춰 발전하기 때문이다. 그러므로 우리는 기술의 발달에 대응할 시간이 충분하다.

CHAPTER 04

사라지지 않고
변한다

기술이 발전함에 따라 가장 큰 두려움은 일자리 문제에서 온다. 이미 생산시설이나 단순 서비스 업무는 기계로 대체되는 실정이니 이 두려움은 현실감 있게 다가온다. 미래에 없어질 직종, 사라지는 직업 등 언론에서 발표되는 일자리만 보더라도 보편적 지식을 초월한 전문직종에 이르기까지 다양하다. 이 상황이 당황스럽지만 우리는 무엇이 어떻게 변할지 알아야 한다. 알아야 자신의 역할이 보인다.

일자리 감소는
없다

 기계가 인간을 대체할 것이라는 두려움은 오래전부터 있었다. 기술 진보의 직접적 효과는 당연히 고용형태에 영향을 주기 때문이다. 기술 진보란 생산 효율성을 높이는 모든 변화를 의미한다.

 경제학자 조지프 슘페터Joseph Schumpeter의 이론대로 기술 진보는 새로운 상품, 새로운 생산 혹은 운송 방식, 새로운 시장, 새로운 유형의 산업조직으로 구별된다. 특히 자동화된 생산 방식은 근로자의 인원 감축을 목적으로 도입되기에 일자리 감소는 당연한 결과로 이어진다. 그러나 기술혁신이 일자리 수에 어떤 영향을 주었는지 정확히 통계를 낼 수 없다.

기술 변화가 일자리에 미치는 영향을 둘러싼 본격적인 논쟁은 2013년에 시작되었다. 현재도 긍정과 부정 측면에서 주장이 팽팽하다. 인공지능 머신러닝 등 생각하는 기계의 등장 또는 디지털 기술 발전이 직업이나 일자리 변화에 끼치는 영향 연구 역시 진행 중이다. 하지만 쉽게 결론을 내지는 못하고 있다.

기술의 발달로 일자리가 감소한다는 주장은 수년 전 세계경제포럼의 주제 '일자리의 미래Future of Jobs'에서 나왔다. 2020년까지 210만 개의 새로운 직업이 만들어져도 710만 개의 일자리가 사라져 결국, 500만 개의 일자리가 없어진다는 예측이었다. 또 2013년 옥스퍼드대학의 칼 프레이Carl Frey와 마이클 오스본Michael Osborne은 702종의 일자리를 대상으로 자동화 가능성을 순위로 나열한 결과 10년 이내 미국에서 자동화로 대체될 확률 70% 이상인 일자리가 47%에 달했다.

미국의 정보기술 컨설팅업체 가트너Gartner사는 인공지능이 지금 같은 속도로 발전하면 2025년까지 일자리의 3분의 1이 소프트웨어와 로봇, 스마트기계에 대체된다고 전망했다.

반면에 로봇과 인공지능 대 인간의 관계는 대체뿐만 아니라 보완, 협업으로 진행된다는 예측도 나온다. 예를 들어 직무가 비정형적이고, 이동성, 인지·조작 협응 능력, 판단과 창의력, 감성과 공감력이 중요할수록 기계의 대체 가능성은 떨어진다. 반대로 노동 강도, 저임금 문제로 인력 수급이 어렵거나 업무의 복잡성, 관련 지식이 지나치게 빨리 증가할 경우 인간과 기계의 협업 필요성이 높아진다. 실제로 웨어러블 로봇, 디지털 비서 서비스처럼 로봇과 인공지능은 인간의 신체적·인지적 능력을 보강하는 용도로 활용되고 있다. 의료용 수술 로봇도 대개 몸에 들어간 로봇을 인간 집도의가 조종하는 형태로 운용된다.

또한, 기술이 진보함에도 일자리 수는 줄어들지 않는다는 주장도 있다. 아무리 기술이 발전해도 기계가 인간의 활동을 모두 대체할 수 없는 만큼 고용에 심각한 위협이 되지 않는다는 주장이다. 로봇과 인공지능의 발전이 중장기적으로 고용이나 경제에 오히려 도움이 된다고 보는 낙관론자들이다. 이들은 비관론자들이 무엇보다 '노동 총량의 오류Jump of labor fallacy'에 빠져 있다고 지적한다.

노동 총량의 오류란 세상에 필요한 노동 총량이 정해져 있고 고용 시장이 의자 빼앗기 게임과 같다고 생각하는 것이다. 로봇이 일자리 하나를 차지하면 인간이 즉각 일자리 하나를 잃는다는 것은 지나친 단순화라는 것이다. 사실 로봇이나 인공지능이 없더라도 노동 시장에서는 끊임없이 일자리가 파괴되고 창출되고 있다. 미국 정보통신혁신재단TIF의 분석처럼 로봇과 인공지능으로 인력 대체가 일어나면 기업의 생산성 향상이나 매출 증가로 경제 전반에 다각적인 고용 창출 파급 효과를 미친다. 즉 일자리가 없어지는 것이 아니라 이동하는 것이다.

2015년 MIT대학 데이비드 아우터[David Autor] 교수는 기계로 대체되는 것은 '직무[task]'이지 '직업'이 아니라고 단언했다. 자동화는 생산 노동을 없애지만, 일하는 방식을 변화시키는데 더 큰 영향을 준다는 것이다.

2013년 Katz, L. F.와 Margo, R. A.는 새로운 기술혁신과 함께 새로운 역량을 필요한 새로운 일자리를 만들어 왔다. 이에 따라 장기적으로 고용률은 상당히 안정적으로 유지되었으며, 사라진 적이 없다고 분석했다. 다만, 새로운 일자리에 대해 전문성을 갖추기까지는 시간이 걸릴 수 있다는 지적이다.

미국의 여론조사 업체 퓨 리서치[Pew Research]센터에서는 "로봇이 인간의 일자리를 빼앗아갈 것인가?"라는 설문 조사 결과 빼앗지 않을 것이라고 응답한 전문가가 52%였다고 발표했다. 디지털 기술과 일자리 규모 논의에서 장기적으로 20년 후 노동 시장의 변화를 전망하면, 현존하는 일자리의 상당 부분은 사라진다. 하지만 새로운 기술로 인해 새롭게 생기는 일자리는 더 많아진다. 비관적으로 보더라도 최소한 줄어들지는 않는다. 역사적으로 새로운 기술이 도입될 때마다 일시적 실업은 늘었지만, 장기적 관점으로 보면 일자리 수도 늘고 근로자의 임금 수준도 높아졌다.

이렇듯 기술의 발전이 사람의 일자리를 빼앗는 효과만 내지는 않는다. 기술혁신으로 인한 생산성 증가와 함께 시장의 수요도 함께 증가하기 때문이다. [도표 3-1]은 미국의 노동부가 조사한 1900년부터 2020년까지의 실업률 변화 자료이다. 이를 보면 기술혁신이 실업률에 영향을 주었다는 근거는 찾기 힘들다.

이 도표를 보면 기술혁신보다 경제 대공황, 전쟁 등이 실업률 상승에 더 큰 영향을 미쳤다. 도표상 실업률이 높았던 시기는

[도표 3-1] 미국의 120년 실업률과 영향 요인

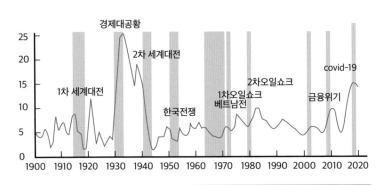

Source: U.S. Bureau of Labor Statistics. 재정리
https://fred.stlouisfed.org/series/UNRATE

1930년대의 경제 대공황, 40년대의 2차 세계대전, 베트남 전쟁, 80년대의 세계오일 쇼크, 2010년의 세계 금융 위기 때이다. 세계 경제에 영향을 준 대내외 사건으로 경제가 침체되면서 실질 실업률을 증가시켰다.

최근 2020년에 실업률이 역사상 최악인 15%대까지 치솟았다. 이 역시 기술 진보로 인한 일자리 감소 때문이 아닌 코로나19 팬데믹의 영향이다. 결국, 기술 진보가 직접적인 고용감소를 부르지는 않는다는 것을 알 수 있다.

인터넷 연결기기, AI와 결합된 디지털화는 업종을 불문하고 이전의 자동화와 다른 차원으로 진행되었다. 자동화 방식, 로봇, 인공지능과 인간이 협업하는 방식이다. 정형화된 일routine work은 기계로 대체되고 감성이나 사회적 대응이 필요한 일은 증가한다. 동일 직업군일지라도 숙련도가 높은 근로자와 낮은 근로자 간의 소득 격차는 심화된다. 여기에서 숙련도란 기계를 잘 다루는 과거 기계화 시대의 기능적인 면을 말하는 것이 아니다. 감성, 사고력 등 인간만의 고유 능력을 능숙하게 발휘하고 성과를 내는 역량의 총합을 말한다. 이는 앞에서 데이비드 아우터David Autor 가 말한 기계가 대체하게 되는 것은 '직무'이지 '직업'이 아니므로 일하는 방식 변화에 관심을 가져야 한다는 주장을 떠올려보면 쉽게 이

해될 것이다.

과거에도 많은 사람이 일자리의 감소, 인간의 소외 등 기술의 발달이 어떤 결과를 가져올지 비슷한 관점으로 걱정했다. 또 그 걱정이 말똥 사건처럼 한때의 기우였다는 사실도 깨달았다.

새로운 기계의 등장에 불안을 느끼는 현상은 현대에 와서 갑자기 불거진 문제가 아니다. 1900년대 케인즈 경제이론과 경제대공황 때문에 나타난 것도 아니다. 기술, 자본, 노동 등 경제 시스템이 작동하기 시작한 뒤로, 인간들은 기계와의 경쟁에서 밀려날지 모른다는 두려움, 새로운 기술, 변화하는 세상에 대한 부적응에 시달렸다. 하지만 이러한 두려움이나 공포는 인간의 지

기계기술이 진보해도 인간의 일자리가 한꺼번에 사라지지는 않을 것이다

혜로 여러 차례 위기를 모면했다. 진화된 기계의 등장이 새로운 일자리를 만들어냈기 때문이다.

언제나 인간은 무한한 욕구와 본능을 충족하고자 새로운 노동을 찾는다. 일자리 수요도 증가하여 인간이 영원히 기계에 밀려나는 일은 일어나지 않았다.

일의 미래를 예견하는 일은 경제학이나 기술공학과는 관련 없는 흥미로운 사회철학이다.

"인간의 욕구는 어디까지인가?"

"인간지능의 본질은 무엇인가?"

"기술지향이나 이윤추구 기업의 위력은 어떻게 봐야 할까?"

"일이란 나의 삶에서 무슨 의미인가?"

"우리가 여태까지 경험해보지 못한 세상에서는 어떻게 살아야 하는가?"

이런 물음을 다루지 않는다면 일의 미래 예견 자체가 불가능하다. 기계기술이 진보해도 인간의 일자리가 한꺼번에 사라지지는 않을 것이다. 일의 형태만 변할 뿐이다. 그러므로 우리는 이제 자신이 종사하고 있는 업종·업무가 미래 어떻게 변화할지 타진

해봐야 한다. 그 변화에 발맞추어 자신이 어떤 능력을 갖춰야 할지 정해진다. 분명 직무가 변하면서 필요로 하는 능력도 다양하게 요구된다. 이를 위해 자신을 업그레이드하면 미래의 인재로 탈바꿈할 수 있다.

⟁ THINKING POINT

원시시대부터 중세, 근대, 현대에 이르기까지 사람들의 의식주는 필수 요소이다. 인간이 살아가는 데 사회와 환경은 변하지만, 기본적 욕구와 생활요소는 변하지 않는다는 의미이다. 일자리도 마찬가지이다. 일자리의 형태, 업무를 처리하는 방법은 달라지지만 일자리 자체가 소멸되지는 않는다. 그것이 있어야 사회가 움직이기 때문이다. 기술 변화의 물살에 적응하고 시대가 요구하는 능력을 갖추자.

변화가 닥치면
변신하라

1960년대 미국 항공우주국^{NASA}에는 '인간 컴퓨터^{Human} ^{Computer}'라고 불리는 직업이 있었다. NASA에서 필요한 복잡한 수학 연산을 처리하는 직업이었다.

캐서린 존슨$^{Katherine\ Coleman\ Goble\ Johnson}$은 흑인 여성으로 NASA 에 근무하면서 유인우주비행선을 위한 궤도 역학 계산에서 탁월한 능력을 보여준 수학자다. 어려서부터 천부적인 수학 능력을 지니고 있었던 그녀는 1953년 NASA의 랭글리 연구 센터에 '인간 컴퓨터'로 고용되었다.

그녀의 수학적 사고 능력으로 우주 궤도 프로젝트에 필요한 수학 공식을 찾아내 성공에 결정적인 역할을 했다. 우주인 존 글렌John Hersche Glenn은 IBM의 전자 컴퓨터도 믿을 수 없다며 지구 궤도 비행 직전까지도 캐서린에게 숫자 계산을 확인해야만 한다고 고집했을 정도였다. 그녀는 이처럼 NASA의 역사에 큰 획을 그으며 러시아와 우주 개발 경쟁에서 자존심 대결을 하던 미국에 큰 선물을 안겼다.

도로시 본Dorothy Vaughan은 1940년대 NASA 랭글린 연구 센터에 입사해, 흑인 여성으로는 처음으로 전산 업무의 책임자가 되었다. 그런데 NASA에 IBM 컴퓨터가 들어오고, IBM이 만든 컴퓨터 시스템이 NASA의 전산 기술 업무를 대체했다. 인종차별이 심한 열악한 직장환경에서도 자녀를 키우며 열심히 일했던 그녀와 동료 전산원들에게 위기가 찾아온 것이다. 모두 일자리를 잃게 되리라는 것은 불을 보듯 뻔한 일이었다. 인간 컴퓨터 업무를 해왔던 캐서린 존슨과 도로시 본은 변화를 직감했다. 자신들이 아무리 계산을 빠르고 정확하게 잘하더라도 컴퓨터를 이길 수 없다는 걸 안 것이다.

그녀들은 빠르게 자신의 직무능력을 '재정립'하는 데 공을 들였다. 전자 컴퓨터의 시대를 예측한 그녀들은 임무 수행을 위해 프로그래밍을 배웠다. 주변의 다른 직원들에게까지 컴퓨터 프로그래머가 될 것을 장려했다. 단순히 수학 공식을 계산하는 일보다 수학의 본질을 찾아 문제 해결력을 키웠고, 슈퍼컴퓨터를 활용하여 아이디어 개발과 알고리즘 구성에 몰입했다. 이들은 알고리즘을 설계하는 일, 컴퓨터가 처리한 자료를 보고 가치를 판단하거나 일의 방향을 결정하는 부분에 집중했다.

이상은 실화를 토대로 한 영화 '히든 피겨스Hidden Figures'의 주요 내용을 일부 재구성해 본 것이다.

생각하는 기계의 시대를 맞는 우리도 '발 빠른 사고의 전환'이 필요하다. 직장을 그만두지도 직무를 변경하지도 않고 동일한 직무를 수행하면서 기계와의 경쟁에서 이길 수 있는 새로운 능력을 개발하는 것이다. 이것만이 변화된 시대를 맞는 현명한 자세이다.

우리에게 중요한 것은 "어떻게 변화할 것인가?"이다. 21세기 AI 시대에는 인간의 '감정'이 주목받게 될 것이다. 산업화 시대의 제1 기계화 시대에 중요한 경쟁 요소였던 효율성의 문제는 생각하는 기계가 해결해준다. 대신 '인간다움', '인간만의 능력'이란 키워드가 그 무엇보다 중요하다. 하지만 아무리 현재 자신의 상황이나 업무와 대입하고 연상해보아도 무엇을 어떻게 대비해야 하는지 모호하고 막연하다. 그러므로 현재 자신의 직무가 기계와의 경쟁에서 살아남기 위한 능력은 무엇이고 어떻게 개발해

야 하는지 분석해야 한다. 감정보다 사고하는 능력에 주안점을
두고 정보를 가지고 연구를 거듭하면 길이 보일 것이다.

‑💡‑ THINKING POINT

익숙함에 눌러앉지 말고 기술 발전의 움직임을 포착하라. 시곗바늘이 1초도 쉬
지 않고 가는 것처럼 우리 사회와 기술도 쉬지 않고 변화한다. 그 방향과 속도
에 따라 자신의 역량을 발휘하여 함께 뛰어야 한다. 막연하고 모호한 정보로
움직여서는 안 된다. 구체적이고 실질적인 정보를 접하고 이에 맞춰 자신을 변
화시켜 나가야 한다. 그러기 위해 책과 언론을 끊임없이 탐하라.

낯설지만
가야 하는 길

생각하는 기계가 우리에게 주는 다양한 영향에 대해 왜 미리 고민해야 하는가? 걱정, 희망, 불안, 불편할 것에 대해 왜 끝없이 논의하고 미래를 내다보려 하는가? 미리 고민하면 불안이 해소되는가? 일어날 가능성을 예측하고 그 확률에 따라 대비하면 안심이 되는가?

이 모든 질문에 명쾌하게 "그렇다."라고 답할 수 있는가? 하지만 그 어느 누구도 미래를 정확하게 예견할 수 없다. 미래학자들조차 먼 훗날에 벌어질 사건을 정확히 맞췄다는 연구 결과는 없다. 미래학자들의 예측 정확도는 한 자릿수에 불과하다. 그럼에도 불구하고 우리는 미래를 얘기한다.

다음은 어느 보고서의 기록이다.

"훌륭한 경제학자들이 내놓은 예측을 시간이 지나 확인한 결과, 대부분이 틀렸음이 판명되었다. 그 원인은 경제학자들이 서로 간의 의견을 주고받으면서 진실과는 별개로 하나의 결론으로 접근하는 데 있었다. 가령 저명한 학자 누군가가 경제가 침체할 것이라는 일부 증거를 내놓으면, 다른 누군가는 그것을 근거로 경제가 침체할 것이라고 반복 주장한다. 약간의 수치만 다를 뿐이다. 그러면 사실과는 무관하게 경제가 침체할 것이라는 주장은 그들 사이에서 기정사실로 인정이 된다. 말이 증거가 되고 결론이 되는 현상이 생긴다는 것이다."

일반적인 연구 과정에서 상관 관계는 파악되지만 무엇이 원인이고 무엇이 결과인지는 파악되지 않는 경우가 있다. 상관 관계와 인과 관계를 모두 알기란 쉽지 않다. 특히 사회문제에서는 그렇다. 누군가 미래를 맞추었다고 주장한다면 그건 대부분 결과론적인 이야기다. 수많은 조합에 의해서 하나의 미래예측 상황이 현실로 나타난 것뿐이다.

지금 많은 전문가가 다가올 미래를 예측하고 관련 증거를 제시한다. 그런데 신기한 것은 사전 논의한 듯 결론이 비슷하다. 그

것이 맞을 수도 있지만 틀릴 확률 또한 높다. 그럼에도 미래를 알고자 하는 우리는 이들이 말하는 결론을 받아들일 수밖에 없다.

그러면 왜 우리는 미래의 변화와 나에게 미치는 영향에 대하여 생각해야 하는가?

《미래를 읽는 5가지 안경》의 저자 패로미킥은 "인간은 문화가 형성된 초기부터 이미 미래에 대해 많은 것을 알고자 노력했으며 여기에는 호기심, 두려움, 행복 추구라는 3가지 근본적인 동기가 있다."라고 말했다

첫째, 우리는 미래에 호기심을 갖고 있다. 미래는 현재와 다르다는 사실을 경험을 통해 알고 있기 때문이다. 심리학자 다니엘 벌린Daniel E. Berlyne은 "인간은 무엇인가 일상적이지 않거나 알고 있는 것과 다른 현상에 항상 호기심을 갖는 존재이다."라고 했다. 그래서 인공지능이 일상화되는 세상은 지금과 무엇이 다를까? 일하는 방식은 지금과 다른 어떤 새로움이 있을까? 인간의 수고로움과 노동을 기계들이 대체하는 세상이 오면 나는 어떤 즐거움을 누릴까? 등 수많은 질문을 반복한다.

둘째, 막연함이 주는 두려움이다. 실존주의 철학자 하이데거Heidegger는 "우리는 두려움에서 벗어나려고 노력한다."라고 강조했다. '두려움'이란 자신에게 불이익이 올 수 있다고 생각하는 현

상이나 대상에 대한 느낌이다. 미래의 일상, 일터에서 벌어질 수 있는 위협이나 불이익에 두려움을 느끼면 거기에 대응하거나 벗어나기 위해서 미래에 벌어질 일을 알고 싶어 한다. '두려움'은 아니더라도 미래 변화상에 모두 약간의 걱정은 안고 있다. 수많은 책자, 진문가들의 의견, 회사 경영사들의 전략에는 미래의 변화상과 준비하지 않으면 모두 전멸한다고 경고가 가득하기 때문이다. 두려움을 느낀다면 벗어나는 방법을 생각해야 한다. 기계에 대체되지 않으려면 우리는 무엇을 해야 하고 어떤 능력을 지녀야 하는지 고민하지 않을 수 없다.

셋째, 인간 본연의 욕구인 행복 추구이다. 인간은 과거보다 현재에, 경쟁자보다 자신이 더 많은 이익이나 행복을 누리고 싶어 한다. 그래서 다른 사람보다 미래를 더 많이 알면 커다란 이익을 얻을 수 있다고 믿는다. 생각하는 기계의 등장으로 경제사회 구조가 변하고 일하는 방식이 변한다면 자신이 부의 핵심 길목을 선점하려 든다. 그것이 자신에게 더 많은 행복과 이익을 줄 것이라 확신하기 때문이다.

기계의 출현으로 직업별, 직무별 일하는 방식이 변한다는 사실은 불 보듯 뻔하다. 미래에 예견되는 새로운 일자리 형태에 맞춰 자신이 새롭게 준비해야 할 직무능력에 관심을 갖자. 어느 분야에서건 철저하게 생각하고 준비해야 한다.

생각하는 기계는 이미 우리 앞에 와 있다. 동시대를 살아가는 우리에게 미래는 낯선 길이지만 가야 할 길, 갈 수밖에 없는 길이라면 마땅히 준비해야 한다.

💡 THINKING POINT

미래 자신의 모습을 떠올려보자. 10년 뒤 어느 분야에서 무슨 일을 하고 있을까? 20년 뒤에는? 지금 떠올린 역할이 그 시대에도 존재하고 가치를 인정받는다고 확신하는가? 확신할 수 없다면 새로운 길을 모색해보는 것도 좋다. 무섭게 변하는 기술 발전에 두려움과 공포를 느끼기보다 낯설지만 새로운 길을 찾는 기쁨을 맛보라. 가지 않을 수 없다면, 거부할 수 없다면 즐기자. 당신이 미래 주인공이 되는 길이다.

어릴 적 나에겐 정말 많은 꿈이 있었고,
그 꿈의 대부분은 많은 책을 읽을 기회가 많았기에 가능했다고 생각한다.

빌 게이츠

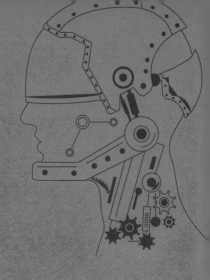

PART 2

시대 변화에서 오는 직종별 미래 가치

CHAPTER 05

어떤 일이든
변화를 맞는다

매일 똑같은 하루를 사는 것 같지만 1년, 2년 혹은 10년이 지난 후에 보면 너무나 많은 변화를 겪었다는 것을 알 수 있다. 기술도 마찬가지다. 10년 전의 기술과 오늘의 기술을 비교해 보라. 상상했던 일이 현실에 실현되고 있지 않은가. 그렇다고 우리가 판타지 세계에 사는 것도 아니지 않은가. 바로 이것이 변화고 발전이다. 변화는 살아 움직이는 한 누구도 피해갈 수 없다.

변하는 일의 성격에
주목하라

산업화 시대와 정보화 시대를 지나면서 인간의 삶이 더 편리해진 것은 분명하다. 하지만 행복의 관점에서 묻는다면 "그렇다."라고 단언하기 어렵다. 지금까지 인간에게 요구된 '효율' 때문이다. 인간은 효율을 높이기 위해 노동에 열과 성을 다했다. 성과 위주의 삶을 살았다.

20세기는 인간을 일하는 기계로 살게 했다. 21세기에는 더 편리함과 높은 효율을 찾고자 지능을 갖춘 기계를 만들었다. 이제 미래 사회는 이러한 기계를 인간 수준으로 만들려고 한다. 인간만의 영역인 감정과 생각하는 능력을 기계에 심어주려는 것이다.

기계적으로 반복되는 일이나 효율성만 요구되는 일을 로봇에 맡기면 인간의 삶은 훨씬 풍요로워질 것이다. 그 여유로워진 시간에 독창적인 아이디어를 내고, 생각의 수준을 높이고, 풍부한 감정을 활용한다면 개인이 추구하는 행복에 근접할 수 있다. 그런데 기계의 수준이 너무 발전하여 생각하는 지경에 이르면서 희망보다는 두려움과 걱정이 더 커진다. 새롭게 개발될 기술이 인간의 일자리를 빼앗고 감정을 가진 로봇이 인간을 지배할 것이라고 두려워한다.

생각하는 기계를 어떻게 활용할 것인지 연구하자. 효과적으로 관리하여 인간 삶의 질을 끌어올려야 한다. 기계에 대체 당하지 않도록 대체 불가능한 영역, 인간의 DNA를 가진 나만이 할 수 있는 능력을 찾아 개발해야 한다.

일자리의 자동화될 확률과 미치는 영향의 논의를 보면 창의적인 업무를 수행하는 직업은 기계로 대체될 위험이 10% 미만이다. 반면 단순 반복 업무는 90%나 된다. 하지만 이와 같은 논쟁은 개개인의 상황에서 볼 때 무의미하다.

기술 진보가 일자리를 일순간 사라지게 하지는 못한다. 그 이유는 '일자리'와 '업무'를 구분하면 쉽게 이해할 수 있다. 어떤 업무 또는 일자리도 한번에 자동화되도록 단일하고 간단하진 않기 때문이다. 정확히 말하면 모든 일은 여러 개의 업무로 구성되어 있다. 따라서 이 가운데 어떤 부분만 자동화되기 훨씬 쉬울 뿐이다. 특정 직업을 구성하는 업무는 자연적으로 새롭게 구성되기도 한다. 로봇이나 기계가 없더라도 현재의 업무가 30년 전과 똑같은 형태로 수행되지는 않는다.

《노동의 시대는 끝났다》의 저자 다니엘 서스킨드는 경영컨설팅 연구 자료를 소개하면서 일자리의 변화 문제에 대해 다음과 같이 언급했다.

"2017년에 820개 직업을 살펴본 결과, 현재 기술로 완전히 자동화할 수 있는 직업은 5%에도 못 미쳤다. 하지만 업무 구성 요소 중 최소 30%를 자동화할 수 있는 직업은 무려 60%가 넘었다."

기계가 완전히 도맡을 일자리는 아주 적지만 부분적으로 대체할 수 있는 일자리는 아주 많다는 것이다. 다시 말해 연구 개발 업무가 창의력을 요구하므로 인공지능 기계로부터 안전하다고 주장하는 것은 어리석다는 의미이다. 우주선 개발자라고 해서 창의력만 발휘하는 경우는 없다. 변호사가 법정에 서기만 하는 것도 아니고, 교수라고 해서 학생들에게 대면 강의만 하지 않는다. 이런 특정 업무는 자동화하기 어려울지 몰라도 이들이 업무의 전후 절차에서 수행하는 다른 활동은 얼마든지 기계가 대신할 수 있다.

우주선 개발자 업무 중 물리학이나 수리력이 필요한 부분은 컴퓨터가 계산해주고, 변호사의 일 중 유사 판결 사례나 법조문을 기계가 검색, 정리해서 최적의 변호 자료를 생성해줄 수 있다. 따라서 일자리에서 중요한 변화는 사라지는 일자리가 무엇인가가 아니라 일의 성격 자체가 어떻게 변할 것인가에 있다.

예를 들어 조종사의 역할이 변하지 않는 것과 마찬가지다. 비행기가 고도를 올리고 태풍을 피해 가는 고도로 숙련된 항법기술은 기계가 대신하고, 조종사는 승객을 안심시키고 기계를 프로그래밍하거나 만약의 위급상황에 대비하기 위한 역할을 할 것이다.

교육도 마찬가지다. 이제 지식은 인터넷에서도 찾을 수 있다. 오히려 교육자의 역할은 수많은 정보가 올바른 것인지 판단하고 올바르게 활용할 수 있는 방법을 지도해주는 것이 더 중요하다. 강의는 유능한 교사나 인공지능이 제공해주는 프로그램을 이용하면 된다. 굳이 학교에서 실력 차가 큰 교사들이 아이들의 교과수업을 담당할 이유가 없다. 대신 교사들은 아이들의 인성교육, 진로설계, 학습 상담을 전담하게 되는 시대가 될 것이다. 교사의 역량으로 영어과목 티칭보다는 학생의 미래설계, 코칭, 삶에 관한 철학을 전하는 능력이 더 필요해진다.

이처럼 직업 자체보다 일의 성격이 변한다면 담당자의 역할도 변해야 한다. 당연히 그에 상응하는 능력 요소도 재구성되어야 한다. 이제부터는 서서히 기계로 대체되어 가는 자신의 일자리에서 다른 이들보다 비교 우위에 설 수 있는 능력을 개발해야 한다. 인간만이 가질 수 있는 우월한 일의 가치가 무엇인지를 생각해보자.

-ⵌ- THINKING POINT

인간은 사회적 동물이기에 변화에 잘 적응한다고 믿는다. 그러나 막상 신기술 사용이 자신의 현실이 되면 당황하게 된다. 태연하게 받아들이기가 어렵다. 놀라워하며 경이로움에 빠지지 마라. 기존 당신이 일하던 분야, 쓰고 있던 물건에서 조금 달라진 것뿐이다. 직업에서도 마찬가지이다. 직종은 그대로 남는다. 단지 직업을 수행할 여건이 달라져 인간의 역할이 달라질 뿐이다. 기존의 직업적 성격이 바뀌는 것이다.

일의 미래를
내다보자

   미래에는 어느 직종이 취약할까? 그것을 판단하는 기준은 무엇일까? '이코노미스트'는 "전문가에 따르면, 자동화될 취약성을 결정하는 것은 그 일이 육체 노동인지 정신노동인지가 아니라 틀에 박힌 일이냐의 여부와 관련된다."라고 설명한다.

   미국의 직업전문가는 자동화 위험에 빠질 업무를 사분면으로 분류했다. 육체 노동 대 인지노동의 축이 기준이고 다른 축은 틀에 박힌 업무 대 틀에 박히지 않은 업무이다. 또 다른 자료에서는 사람들이 자동화 가능성을 묘사할 때 업무를 '틀에 박힌' 대 '틀에 박히지 않은'으로 구분한다. 대체적으로 항상 반복적이거나 예측 가능한 일, 규칙이 매뉴얼로 가능한 일, 일의 진행이 명확히 정의되는 업무를 자동화로 대체 가능하다고 보았다. 반대로 구체적으로 정의하기 어렵거나 복잡한 판단이 필요한 업무는 기계가 처리하지 못한다고 주장했다.

나는 이런 판단 기준을 참고하여 일의 대체 가능성을 업무 특성에 따라 2개의 축으로 나누었다. 수평축은 도구의 의존도가 높은가 낮은가로 나누었다. 수행하는 일이 각종 도구나 기계, 컴퓨터 등의 적용이 용이하고 단순 반복인지, 명확히 측정 가능한지 그 여부를 뜻한다. 업무에서 도구란 기계, 컴퓨터, 계산기, 장비,

[도표 5-1] 일의 미래를 보는 업무 분석 프레임

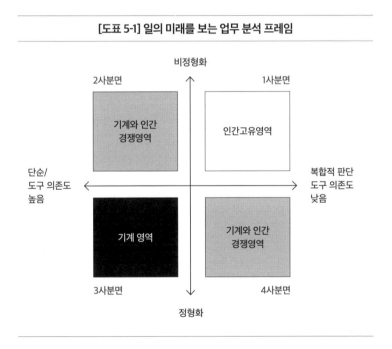

프로그램, 서류 양식, 사무자동화 프로그램 등이다. 이 도구의 적용이 어렵다는 것은 업무 특성상 인간의 복합적인 두뇌 사고력과 판단력을 요구한다는 의미이다. 즉, 사람의 창의, 직관, 통찰, 종합 판단, 개념화와 같은 일로써 인간 의존도가 높은 영역이다.

수직축은 일의 정형화와 구조화의 정도이다. 직무 특성이 매뉴얼 정리가 가능하고 정형화가 가능한 형태인지, 비정형적이고 변화의 폭이 큰 업무인지에 따라 구분하는 축이다. 이렇게 정의된 수평축과 수직축을 기준으로 직무의 미래를 분석하는 프레임으로 활용할 수 있다.

[도표 5-1]의 3사분면이 '기계' 영역이다. 대량의 데이터, 정보로 주어진 방식이나 매뉴얼에 맞춰 작업한다. 아주 신속하게 동일한 과정을 여러 차례 반복하여 결과를 산출해낸다. 바로 이 영역이 컴퓨터와 인공지능, 로봇이 잘하는 분야이다. 가까운 미래에 기계가 대신할 가능성이 큰 영역이다.

아무 생각 없이 같은 일을 반복하는 행위는 기계가 일하는 방식과 동일하다. 기계 노동의 강점을 들자면 용량이 많은 일도 지치지 않고 빠르게 척척해낸다. 또한 에너지원만 공급되면 시스템이 작동된다. 감정이 없고 기분에 따라 생산량이 좌우되지도 않는다. 불만이나 요구사항도 없다. 반복 수행만 있을 뿐이다.

인간은 많은 양의 일에 지치고 동일한 작업을 하다 보면 힘들어한다, 높은 생산량과 효율을 요구하면 쉽게 지친다. 우리의 육체와 정신은 계속 같은 일을 반복하면 피곤함, 싫증, 반항심, 포기, 이탈 등 여러 가지 부정적인 감정을 느끼게 되기 때문이다. 기쁨과 슬픔, 안정과 갈등, 쉽거나 어려움 등을 느끼는 현상은 신체와 감정을 가진 인간에게만 나타난다. 기계와 비교할 때 인간의 커다란 약점이다.

하지만 인간만이 가지는 이 '감정'이라는 약점 때문에 자신에게 주어진 일을 쉽고 즐겁게 처리하기 위해 항상 새로운 생각에 도전한다. 새롭고 독창적인 아이디어로 일을 개선하거나 재미를 느끼면 만족이라는 감정이 채워지기 때문이다. 결과적으로 감정은 인간이 가진 위대한 강점이다.

[도표 5-1]에서 보는 것처럼 2, 3, 4사분면의 세 영역은 '생각하는 기계'로 해결이 가능할 수 있는 영역이다. 자기 일을 확장하고 가치를 높이기 위해서는 이들 각 영역에 관심을 가져야 한다.

먼저 2사분면을 살펴보자. 기계와 인간이 공존하면서 경쟁하는 영역이다. 업무적으로 컴퓨터 소프트웨어, 통계 프로그램을 이용하여 빠르게 분석할 수는 있다. 하지만 원하는 결과물의 형태가 정해져 있지 않아 수시로 생각하며 작업을 해야 한다. 무엇을 위해 일하는지, 어디에 활용되는지, 문제를 해결하기 위해 어떤 방법론, 어떤 값이 필요한지를 생각하고 결정해야 하는 작업이다. 이것은 인간의 일이다. 기계가 도출해낸 분석 결과를 기반으로 "좋아, 이렇게 하자.", "아직 부족해! 방향을 약간 수정해보지."라고 결정을 내리는 것 역시 인간의 판단이다.

문제는 이 영역을 '생각하는 기계'가 침범해 오고 있다는 점이다. 기계의 성능이 고도화되면 작업자가 생각할 수 있는 변수를 더 쉽게 수행한다. 기계를 잘 다루는 것도 중요하지만 생각하는 힘이 더 크게 요구되는 중요한 영역이다.

다음은 4사분면은 일이 정형적이고 구조화되었다는 특징이 있다. 하지만 인간의 사고력, 감성, 판단력이 함께 요구되는 분야이기도 하다. 인간의 감성을 발현하고 상대방과 '깊이 소통'하는 능력은 기계보다는 인간이 훨씬 뛰어나다. 기계가 소통의 일부인 정보를 전달하지만, 인간 내면의 마음을 읽고 판단하는 능력은 사람을 따라오지 못한다. 따라서 아직은 기계가 범접할 수 없는 영역이다. 일의 완성도를 높이기 위해 사람의 머리와 손이 필요한 분야이다.

마지막은 1사분면이다. 감성과 직관이 절대적으로 필요한 일로 인간 고유의 영역이다. 이 영역은 3사분면의 기계 영역과 정반대에 위치하여 가장 대체되기 어렵다. 고정 관념에 사로잡히지 않고 인간의 감각과 발상을 발휘해 지금까지 없던 새로운 가치를 창출하는 일. 즉 창의적이고 혁신적인 일을 수행하게 된다.

지금까지 설명한 일의 특성을 바탕으로 어떻게 하면 인간만의 가치를 담은 일을 수행할 수 있을까 고민해야 한다. 부가 가치가 크고 의미 있는 일을 찾아야 할 때다.

인간이라면 누구나 개인이 가지고 있는 능력이나 특기가 있다. 논리적이고 분석적인 사람이 있는가 하면 호기심 어린 질문을 하고 직관적이고 통찰력 있게 일을 처리하는 사람도 있다. 구조화된 일이지만 각종 사무용 도구를 활용하여 빠르게 수행하거나 아이디어를 더하여 과업을 완수하는 사람도 있다. 기계와의 경쟁에서 자신을 지키기 위해 현재 각자의 직무 특성이 어느 영역에 해당하는지 확인하자. 1사분면인 인간 고유 영역으로 확장해 나가야 한다. 그 과정에서 자신에게 질문을 던져 사고력을 키우자.

'보다 창의적, 직관적 사고를 하려면 어떻게 해야 할까?'
'왜 이 일을 해야 하지?'
'어떻게 하면 원하는 답을 구할 수 있을까?'
'이 데이터를 해석하는 다른 방법은 무엇일까?'

질문이 생각을 연다. 깊게 생각하고 행동하는 습관이 인간 고유의 영역을 키운다. 현재 자신의 직무 영역에서 대체되지 않고 행복하게 일하는 방법은 무엇인가?

이 질문에 구체적인 방법을 떠올리기 어렵다. 나는 그에 대한 해답을 제시하고자 한다. 직종을 영업 서비스직, 제조 현장직, 연구 기술직, 사무 관리직으로 나누고 인간 고유 영역으로 옮겨가면서 자신의 가치를 확장할 방법을 구체적으로 안내할 것이다

🔆 THINKING POINT

안타깝게도 생각하는 기계가 직업의 세계를 바꿔놓는다는 사실은 틀림없다. 수용적 관점에서 이를 받아들이고 대응해야 한다. 정형적이고 구조화된 일은 기계로 대체될 가능성이 크다. 반면 인간 고유의 영역인 사고력이 작용하는 일에는 기계의 역할이 미치지 못한다. 자신의 업무가 어느 영역에 속하는지 따져볼 필요가 있다. 일의 성향에 따라 접근을 달리해야 한다.

CHAPTER 06

고객이 달라졌다
_영업 서비스직

[영업 서비스직을 위한 미래 능력 개발 행동 가이드]

* 고객의 기대를 뛰어넘는 객관적인 서비스를 제공한다.

* 질문은 고객의 마음을 읽는 방법이다.

* 고객의 인구 통계적 정보를 통해 고객 특성을 파악한다.

* 엑셀 프로그램 등 간단한 통계 프로그램을 익힌다.

* 나의 업무를 데이터로 정량적으로 표현한다.

* 자신의 감성적인 행동을 개발한다.

* 인간미 넘치는 말을 자연스럽게 할 수 있도록 글을 쓰고 표현한다.

* 주변 사람들과 긍정적이고 밝은 모습으로 대화를 자주 한다.

* 인간의 감성과 내면의 세계를 다룬 심리학 분야 책을 읽는다.

* 통계적 분석 기법에 대한 지식을 쌓는다.

* 빅데이터 분석을 통해 성공한 판매 마케팅 사례를 찾아본다.

데이터와
친해지기

　전에 근무했던 직장 동료들을 통해 자동차 회사의 변화상을 자주 접한다. 그들은 생산관리자, 연구소 개발 업무, 자동차 대리점 비즈니스 등의 업무를 하고 있다.

　대리점 판매 영업 업무의 경우 예전에는 동료가 마케팅용 정보 수집을 위해 부지런히 외부 활동을 했었다. 그런데 최근에 만난 그는 온종일 발품을 팔던 모습과는 전혀 다른 형태로 일하고 있었다. 이제 자동차 영업사원도 일반 직장인들과 별반 다를 것 없이 사무실 책상에 앉아 컴퓨터와 스마트폰으로 업무를 보고 있다. 코로나 이후의 비대면 상황, 디지털 기술의 진화, 고객 데이터 분석 기법의 발달이 자동차 영업직 종사자의 일하는 방식을 완전히 바꾸어놓은 것이다. 예전 우수 영업사원의 공통된 덕목은 두터운 인맥과 땀 흘리며 발로 뛰는 열정이었다. 그러나 이제는 고객의 성향을 분석하고 욕구를 파악하여 그에 잘 맞는 차종을 안내하는 컨설턴트 또는 주치의 역할을 한다.

고객도 예전과는 사뭇 다르다. 인터넷에서 최신 상품 정보나 사용자 후기, 가격 정보를 비교한 후 자동차 대리점에 들른다. 이미 어떤 차를 구매할지 결정을 내리고 방문하는 것이다. 영업사원의 역할을 인터넷이 수행하는 것이다.

이제 자동차 대리점에 근무하는 영업사원들은 고객을 찾아가는 것보다는 당직, 휴일 근무를 더 선호한다. 대리점에 찾아오는 고객의 경우는 계약할 가능성이 커 손쉽게 실적으로 남길 수 있기 때문이다.

모든 것이 디지털, 네트워크, 자동화로 이루어진 오늘날에는 기업의 매출 방식과 영업직의 판매 전술에도 큰 변화를 요구하고 있다. 지식이나 정보가 연결된 초연결사회에서 고객들은 정보 불균형을 극복하고, 상품 관련 정보를 파악해 소비자 파워를 키우고 있다. 반면, 영업사원은 고객의 구매 패턴과 구매 시기, 고객 요구를 예측하기 어려운 정보 불균형 상태에 빠지고 있다. 기존 고객의 유지도 어려워지고 있다. 영업사원이 고객을 일일이

방문하지도 않을 뿐더러 문자나 이메일 등 홍보 자료의 효과에
도 의문이 들기 때문이다. 따라서 이제는 영업직은 세일즈와 마
케팅을 독자적으로 수행해야 한다. 새로운 역량을 개발하고 이
를 적극적으로 활용해야 한다.

본사 마케팅 부서가 전달해주는 판매 전략이나 고객 만족 활
동 관련 매뉴얼 숙지로는 한계가 있다. 시대가 요구하는 영업직
은 시장과 고객을 스스로 창출함과 동시에 그 고객을 자신의 충
성고객으로 확보하고 유지해야 한다.

[도표 6-1]의 2사분면은 단순하지만 수시로 변화가 있는 비정

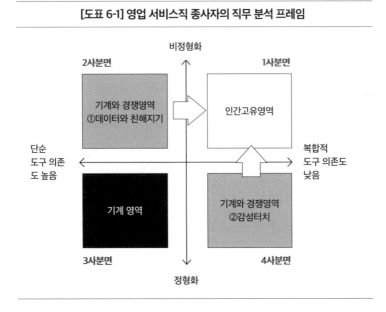

[도표 6-1] 영업 서비스직 종사자의 직무 분석 프레임

형화된 업무 영역이다. 이 영역에서 인간의 영역을 넓히고 성과를 높이려는 영업직 종사자는 데이터와 친해져야 한다. 이제까지 인식은 영업은 관계의 문제이지 과학이 아니라고 생각했다. 데이터 분석 및 테크놀로지에 친숙하거나 관심도가 높지 않아 새로운 기술이나 솔루션 프로그램을 잘 수용하려 하지 않았다. 영업직 직무는 직관과 대인 관계, 열정으로 성과를 내는 측면이 강하다. 그러나 이제는 빅데이터 분석 등 과학적인 측면을 활용한 세일즈 접근이 필요하다. 코로나 팬데믹 사태로 온라인 활동이나 데이터의 분석으로 고객 접근 방식이 확대되는 시점이다.

영업사원이 수천 명 되는 대기업의 의뢰를 받아 저성과자 개선 컨설팅을 수행한 적이 있다. 그 회사는 매출 감소는 없었지만 판매 실적이 저조한 영업사원들이 항상 일정 비율 존재하고 있었다. 회사는 그들이 조직 전체의 성과에 악영향을 주므로 개선이 필요한 상황이었다.

저성과자들을 효율적으로 관리하기 위해서는 유형에 따라 대응 방식을 차별화해야 했다. 저성과자가 된 원인이나 배경은 모두 달랐다. 개인적 특성, 조직적 요인, 역할의 특징 등 다양한 원인 요소를 내포하고 있었다. 따라서 그들이 결근, 불친절한 태도, 불손한 언행 등 행위conduct의 문제인지 아니면 업무 처리 방식이나 상황 이해력의 한계 등 개인 능력 차원^{capability/competence}의 문제인지를 분석해야 했다.

일반적으로 행위상의 문제는 주로 가치관, 심리적인 요인, 성장 환경적인 특성을 요인으로 수반한다. 능력상의 문제는 지식이나 사고력, 인지 능력에 기인하는 경우가 대부분이다. 나는 이를 좀 더 세분화하여 상황 인식, 고객과의 상담 능력, 언어적 비언어적 표현 방식, 지향하는 목적 또는 가치, 감정을 통제하는 수준과 정도, 상황에 대처하는 방법, 조직 기여도 및 성과를 기준으로 저성과자의 유형을 구분했다. 또한, 관리자가 이전보다 쉽게 영업사원 관리에 접근하도록 4가지 유형으로 구분했다. 대인 관계에 문제가 있는 왕따형, 집안이 부유하거나 맞벌이 등으로 경제적 여유가 있어 조직 몰입도가 낮고 직업 의식이 희박한 금수저형, 절대적으로 관련 지식이나 인지 사고 능력이 부족한 한계 능력형, 음주·도박이나 복잡한 사생활로 자기관리에 실패한 자폭형이다.

이들에게 유형별 실적 개선을 위한 처방전을 제시했지만 개선이 불가능한 유형이 있다. 바로 한계 능력형으로 절대적 지식이 부족하고 인지 능력, 사고력, 변화 수용력이 낮은 부류이다. 이들은 고객 방문, 홍보물 발송, 지인 소개 같은 전통적인 영업 방식을 고집하면서 열심히 일하는 인상을 준다. 그러나 시대 변화에 무감각하다. 회사에서 전 영업사원에게 고객 데이터나 상품 관련 정보가 들어 있는 테블릿 PC를 지급해도 이 중에서 제대로 활용하는 영업사원은 극히 일부이다.

판매 실적 우수 사원은 고객의 관심, 선호 상품, 상품 교체 주기, 구매 상품에 대한 불만을 데이터로 수집하고 분석한다. 데이터를 중심으로 고객 맞춤형 판매 활동을 펼치는 것이다. 주 단위 또는 월 단위로 데이터를 모아놓고 정리하며 데이터 분석 결과에서 의미 있는 특이점을 살펴본다. 또 회사로부터 제공하는 마케팅 정보나 새로운 상품 지식을 고객의 욕구나 상황과 연결지어 신속하게 전달한다.

이런 상황임에도 한계형 사원에게 디지털 기기 활용을 하지 않는 이유를 물어보면 대부분 메뉴 접근이나 기능이 어렵고 복잡하며 막상 접근해도 자신에게 도움이 될 만한 자료나 데이터가 별로 없다는 것이다. 그러나 이는 솔직하지 못한 답변이다. 이들 대부분은 스마트폰이나 게임용 전자제품을 잘 다룬다. 인간이 만든 기계의 기능은 처음 접할 때는 낯설고 어려워 보인다. 하지만 몇 번 경험해보면 아주 쉬운 기기들이다. 겁 많은 초보 운전자가 곧 무사고 베테랑 운전자가 되듯 자주 접하면 능숙하게 다룰 수 있다. 그런데도 이들은 스스로 노력하지 않는다. 제공되는 고객 데이터나 상품 관련 정보에서 무엇을 눈여겨봐야 할지 잘 모른다. 고객별 세일즈 포인트를 어떻게 구성해야 하는지 생각하기를 버거워한다. 이들에게는 지난날처럼 본사 마케팅 부서에서 기획한 판매 가이드나 제공되는 매뉴얼대로 고객을 방문, 설득하는 방식이 더 편한 것이다. 영업직 종사자 중에는 이처럼 데이터 관리와 활용에 어려움을 보이는 사람이 의외로 많다.

지금은 소비자가 영업사원보다 더 많은 상품과 가격 정보를 접하는 시대이다. 정보의 홍수 속에서 소비자들은 자신이 원하는 것이 무엇인지 더 잘 안다. 그리고 자기에게 잘 맞는 상품을 최상의 조건에서 구입하기를 원한다. 그들은 제품을 구매할 때 자신에게 맞춤형 서비스를 요구한다. 의례적인 방문과 누구나 아는 뻔한 이야기를 나누면서 시간을 낭비하는 것을 원하지 않는다. 따라서 영원사원은 소비자 개개인의 욕구를 충족해주고 최적의 세일즈를 할 수 있는 길을 찾아야 한다. 데이터 수집 및 분석이 그 해답 중 하나이다.

오늘날 데이터 접근의 용이성, 다양한 분석 기법, 인공지능 기술은 과거와는 매우 다른 환경을 만들어내고 있다. 인공지능 프로그램이 고객과 시장에서 수집된 데이터로 소비자 행동에 관한 인사이트를 제공한다. 데이터를 분석 전용 스프트웨어에 입력하면 자신이 원하는 방향으로 데이터를 처리해준다. 상품 정보, 고객 불만 사례, 성공 사례, 상품의 이동 데이터, 송신한 메일에 대한 고객의 데이터, 고객이 자주 구매하는 상품 데이터를 한눈에 볼 수 있도록 펼친다. 이 데이터와 친해지면 고객에게 지금까지 없던 새로운 관점을 제안할 수 있다. 또한, 일대일 고객 맞춤 컨설팅 서비스도 시작할 수 있다. 조금 더 시간이 지나면 빅데이터를 분석해 누구나 쉽게 마케팅 전략이나 고객 맞춤 데이터를 추출, 분석하는 시대가 온다. 중요한 것은 데이터에서 무엇을 확인하고 싶은지. 해당 데이터에서 어떤 의미를 찾고 싶은지 분명한 목적의식을 가지는 것이다.

데이터 분석은 기계가 해주지만 분석 목적을 설정하고 추진 방향을 잡아가는 것은 인간이다. 지금부터라도 작은 데이터 수집, 처리, 분석하는 방법과 친해지자.

💡 THINKING POINT

영업 방식이 달라지고 있다. 일일이 발로 고객을 찾아다니던 시대는 지났다. 오히려 고객을 번거롭게 하고 부담을 줘 불편을 초래한다. 고객의 나이나 성향을 분석하여 맞춤형 컨설팅으로 가야 한다. 고객도 정보에 강하다. 객관화된 정보에 차별화된 전략으로 영업에 임해야 한다. 그러기 위해 데이터 관리는 필수이다.

감성이
공감을 이끈다

[도표 6-1]의 4사분면은 일의 성격이 매뉴얼 수준의 정형화된 업무이다. 그러나 빠른 대응이나 판단에는 인간의 힘이 필요한 영역이다. 설득과 상담으로 일의 성과를 만들어내야 한다. 영업직의 공통된 특성은 사람을 대상으로 한다는 점이다. 최근 인터넷을 통한 업무 수행이 증가하고 있지만, 기본적으로는 대면과 소통에서 상대방의 만족도를 높여 자기 실적을 쌓는다. 그 후에는 신뢰를 형성하고 관리하며 지속적인 거래 관계를 구축하는 것이 영업 서비스업의 최종 목표이다.

그렇다면 영업 서비스 직무를 로봇처럼 기계적으로 하면 어떨까? 고객의 요청에 기계적으로 대응하고 매뉴얼대로 응대하면 고객은 만족감을 느낄 수 있을까? 현재 챗봇^{Chatbot}이나 인공지능형 서비스를 도입하는 기업이 늘어나는 추세이다. 기계가 고객의 문의 정보를 제공하고 상담사 역할을 하는 것이다. IBM의 인공지능 왓슨^{Watson}을 활용하여 콜센터 업무를 수행하는 일본은행의 사례도 있다. 그렇다면 인간은 어떤 일에 집중하고 무슨 능력을 키워야 할까?

정해진 매뉴얼 내용이나 상담 절차, 서비스 제공에 도움 되는 많은 양의 정보는 생각하는 기계가 인간보다 훨씬 높은 처리 능력을 가진다. 인간이 감히 넘볼 수 없을 만큼 대단한 정보량이다. 그러므로 서비스직 상담원은 '마음'을 전달하는 일에 집중해야 한다. 상대방의 상황과 감정을 관찰하고 대화의 맥락을 판단하여 '바쁜 사람이라면 빠르게', '화가 난 고객에게는 공감하고 경청하면서' 대응할 수 있어야 한다. 다시 말해 미래의 영업 서비스직 업무에 요구되는 핵심 능력은 인간의 마음을 다스려주는 '감성 터치'인 것이다.

감성 터치란 상대의 마음을 직접 만지고 건드려 원하는 방향으로 움직이도록 하고 감동을 준다는 뜻이다. 인간은 감정이 있고 다른 이들과 상호 교류하며 동기부여가 이루어진다. 그래서 고객이나 업무파트너들을 어떻게 물리적·심리적으로 터치하고 관리하는지가 중요하다. '인간적인 접근', '인간미'를 내포한 상태의 물리적 터치, 대화에 의한 터치, 심리적 터치로 구분할 수 있다.

물리적 터치는 직접적인 신체 접촉이다. 악수나 술 한 잔의 건배 등이 해당된다. 대화의 터치는 상대에게 긍정의 행동을 보인다거나 격려해주고 용기를 북돋아주는 따뜻한 말 한마디를 전하는 것이다. 이러한 행동은 상대에게 긍정적인 메시지를 전달하는 수단이고 신뢰와 인정, 동료애와 호감을 표시하는 인간다운 행동들이다. 세 번째 유형의 터치는 심리적 터치다. 다양한 인간 중심의 활동으로 상대에게 심리적 안정감을 주고 신뢰를 형성해가는 행동이다.

서비스를 매뉴얼대로 하는 호텔과 감성 서비스를 하는 호텔의 차이를 보여주는 사례를 접한 적이 있다. A 호텔은 그들이 정한 매뉴얼에 따라 철저한 서비스를 한다. 고객을 만났을 때는 15도 목례, 감사를 표할 때는 30도, 컴플레인이 발생해 사과할 때는 45도 머리를 숙여 인사한다. "어서 오십시오, 감사합니다, 안녕히 가십시오, 주문하신 00요리입니다, 맛있게 드십시오." 등 서비스 매뉴얼대로 반복적인 접객용어만 사용한다. 반면 H 호텔의 서비스는 매뉴얼도 중요하지만, 고객을 먼저 생각하고 있다는 인식이 들도록 감성 서비스를 제공한다. 고객의 입장에 공감하고 배려하는 서비스업의 본질을 실천하는 호텔이다.

비를 맞고 식당에 들어서는 고객을 본 A 호텔 직원은 "안녕하십니까, 어서 오십시오."라고 인사를 건넨다. 하지만 H 호텔 직원은 자기가 가지고 있는 손수건을 먼저 건네며 우선 비를 닦도록 한다. 커피를 서빙할 때도 A 호텔 직원은 "실례합니다. 주문하신 커피입니다. 맛있게 드십시오."라고 말하며 매뉴얼대로 서비스한다. 하지만 H 호텔 직원은 커피 받침대를 살짝 돌려 손님 앞으로 조금 더 가깝게 밀면서 "좋은 시간 되십시오."라고 한다. 고객의 편리함을 위해 커피잔을 고객 가까이 밀어주는 서비스는 직원의 배려심을 느끼게 한다. 바로 '휴먼 터치^{Human Touch}'의 순간이다.

비를 잔뜩 맞고 들어오는데도 "안녕하십니까?"라고 외치면 고객이 감동하겠는가? 이런 일이라면 인공지능 로봇이 더 잘한다. 호텔이 정한 서비스 매뉴얼도 분명 중요하지만, 고객을 먼저 생각하는 마음이 들게 행동하는 감성 서비스가 더 중요하다. 고객이나 직원 모두 진한 감성적 터치를 원한다. 감성이 메말라버린 디지털 세대는 더욱 감성에 흔들릴 수밖에 없다.

아직 사람의 마음을 움직이는 직업은 컴퓨터가 대신할 수 없는 절대적인 영역으로 남아 있다. 공감하고 감성을 표현하는 일은 어떤 기계도 행할 수 없다. 사람의 마음에 공감할 수 없기 때문이다. 오직 인간만이 공감과 역지사지, 타인의 이해가 가능하다. 1960년 인종차별의 문제를 다뤄 퓰리처상을 수상한 하퍼 리의 소설 《앵무새 죽이기To Kill a Mockingbird》에 다음과 같은 말이 나온다.

"누군가를 정말로 이해하려 한다면 그 사람의 입장에서 생각해야 하는 거야. 말하자면 그 사람 살갗 안으로 들어가 그 사람이 되어서 걸어 다니는 거지."

💡 THINKING POINT

공감과 배려는 상대의 마음을 움직이는 힘이 있다. 틀에 박힌 예의나 형식보다 더 강한 힘으로 작용한다. 영업에서 감성의 터치는 기계가 흉내 낼 수 없는 가치를 지녔다. 자신이 감동하는 순간을 떠올려보자. 그 지점에서 인간다운 감성이 피어난다. 그 감성을 활성화할수록 미래의 영업 서비스직에서 차별화를 꾀할 수 있다.

CHAPTER 07

진짜 승부처는
노동 현장이 아니다
_현장 제조업

[현장 제조직을 위한 미래 능력 개발 행동 가이드]

* 창조·협동이 가능하도록 발상을 전환한다.

* 제조 현장에서 발생하는 특정 이슈나 주제에 대하여 관심을 갖는다.

* 자신의 생각을 논리적이면서 설득력 있게 글로 표현해본다.

* 외부와 협업에 열린 마음을 갖는다.

* 선입견과 편견에서 벗어난다.

* 시장과 소비자의 변화에 민감하게 반응한다.

* 순간적으로 떠오르는 생각은 반드시 메모한다.

* 지능형 로봇과 협력하여 일하는 모습을 상상해본다.

* 직장 동료들과 수시로 대화하고 주제에 대하여 다양한 시각으로 생각한다.

* 인공지능 로봇과 일한다면 어떤 업무를 배정하고 교육할지 상상해본다.

* 논리와 발표 능력 개발에 관한 책을 읽는다.

* 타인의 의견을 경청하고 자기 생각을 논리적으로 구성하여 답한다.

* 각종 모임이나 회의 시 자기 생각을 자신 있게 표현하고 질문한다.

적과의 동침을
받아들여라

몇 년 전 직업 포털사이트가 직장인 및 취업 준비생 4,000명을 대상으로 '미래에 사라질 직업 vs 살아남을 직업'을 설문 조사했다. 그 결과 미래에 사라질 것으로 생각되는 직업(복수 응답) 1위는 번역가(31.0%)였다. 다음으로 캐셔·계산원(26.5%), 경리(20.0%), 공장 근로자(18.8%), 비서(11.2%)가 TOP 5에 올랐다. 대부분 서비스업종인데 유일하게 공장근로자가 들어 있다. 이 직업들이 향후 사라지는 이유로 '컴퓨터나 로봇이 대체할 수 있어서'가 응답률의 93.2%로 압도적이었다. 다음으로 '비교적 단순한 일이라서(17.1%)', '장래성이 없어 보여서(7.5%)', '위험한 일이어서(2.4%)' 순이다. 공장근로자가 기계에 대체된다는 예측은 충분히 가능하다. 일의 형태가 단순 반복적이고 육체적 피로가 심한 일의 속성을 가지고 있기 때문이다. 컴퓨터나 기계가 대체할 거라 보고 있고 과거부터 지금까지 꾸준하게 진행되고 있다. 한편, 이번 설문에 참여한 생산·제조직 종사자는 절반 이상인 53.7%가 자신의 직무가 사라질 것이라고 답했다.

디지털 도구와 인터넷 기술, 빅데이터 분석, 사물인터넷IoT, 로봇 공학 등 다양한 기술의 발전과 응용은 '스마트 팩토리Smart Factory'를 목표로 급속하게 진행되고 있다. 스마트 팩토리에서는 지능을 가진 기계들이 각 공정에 배치되어 생산되는 제품이나 공정 간 데이터 정보를 연계하여 생산관리 전반을 통제한다. 단순하게 반복되거나 많은 데이터 처리가 필요한 일은 기계에 맡기고 기존의 작업자는 새로운 기능을 수행해야 한다. 그러나 기계에 빼앗긴 일자리만큼 새로운 직무 개발이 가능한지는 의문이다. 근로자들이 이를 수행할 역량이 되는지 우려하는 시각도 많다. 그런데도 근로자나 조직은 이에 준비하는 모습을 보이지 않는다.

자신이 맡은 공정에서 동일제품 생산 업무를 하는 작업자는 로봇 기계를 활용하여 여러 개의 공정관리와 다양한 일을 동시에 할 수 있다. 표준화된 대량생산 시스템에서도 주문자 생산 방식으로 다양한 제품을 생산하는 것이 가능해졌다. 빠른 기술 발전과 고수준 기계 작업 덕분에 주문 데이터 입력과 완제품 생산까지 공정통제가 가능해졌다. 난이도 높은 작업도 무난히 해결되고 있다. 공장이 자동화되고 공정관리가 수월해지면 작업사는 기존의 육체 노동에서 빗어나 로봇과 기계를 감독하는 지식 노동자가 된다.

이제 현장 작업자는 땀 흘리며 기계부품을 깎고 주어진 일을 로봇처럼 하지 않아도 된다. 현장에서 조업하던 노동자는 전체 생산 일정과 기계 로봇의 작업을 입력하는 생산계획관리 업무를 주로 하게 될 것이다. 공정의 효율성을 위해 오작동이나 현장 개선 업무를 위한 일에 집중하며 각종 센서와 데이터 분석 결과를 받는다. 설비 고장을 사전에 예측하고 수리 업무를 동시에 수행한다. 이처럼 기계화, 자동화로 일의 방식이 변하면 근로자는 미래의 업무 방식에 대한 고민이 더 치열해져야 한다.

그렇다면 제조업 현장직에 필요한 미래 준비 항목은 무엇일까? 많은 연구에서는 변화되는 업무 프로파일에 맞춰 직업 훈련 시스템을 마련해야 한다고 주장한다. 예를 들어 신기술 습득을 위해 온라인 교육을 적극적으로 활용하는 방안, 기계 학습machine learning의 급속한 발전으로 가능해질 개인별 맞춤형 교육이 지원

돼야 한다는 것이다.

하지만 이러한 교육 정책이 기업이나 정부, 사회의 역할일지는 몰라도 근로자 개개인에게 내리는 처방으로는 부족한 면이 많다. 몇 시간, 며칠간의 교육으로 일자리를 지키고 일하는 방식을 바꿀 수 있을지도 의문이다. 교육한다면 단순한 기술 교육, 코딩하는 능력, 로봇을 작동시키는 방법일 것이다. 하지만 그 이전에 깊은 사고력과 인지 능력이 요구되는 새로운 직무에 대한 변화 대응이 더 중요하다.

제조 현장직 근로자가 시대 변화에 맞서기 위해 필요 능력은 첫 번째가 협업이다.

기계를 통제하고 작업을 지시하면서 기계와 협업하고 다른 작업자와도 협업하는 역량을 필요로 한다. 두 번째는 논리적인 토론과 소통하는 능력의 개발이다.

동료들과 작업 경험을 공유하고 문제해결을 위한 기술을 함께 개발하고 논의하는 일이다.

상호 동기를 부여하고 문제 해결자로 나서야 하기에 더 많은 의견과 대화가 오고가야 효율적인 일 처리가 가능하다.

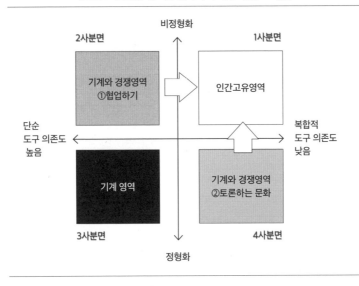

[도표 7-1]의 2사분면은 도구의 사용으로 단순한 일이지만 수시로 변하는 비정형화된 업무 특성이 있다. 간단한 작업 과정을 거치는 일이며 고객 등 외부의 압력이 항상 존재하여 업무의 변화도 다양하다. 이 영역에 종사하는 근무자가 인간의 영역을 넓히고 성과를 내기 위해서는 기계 또는 타인과 협업하는 능력을 개발해야 한다. 우리 속담에 "백지장도 맞들면 낫다."라는 말이 있듯 제조 현장에서는 무엇보다 작업자 간의 협업이 중요하다. 일의 양이 많고 생산품이 무거워서 맞들어야 한다는 차원의 협력이 아니다. 인공지능, 멋진 기계가 들어와도 제조 현장에서는

공정 간 막힘없는 흐름을 위해 작업자 간 협력이 필요하다. 이것이 충족되지 않으면 소비자가 만족해하는 완성품이 제대로 나올 수 없다. 영민한 소비자의 요구에 상품의 성능과 품질을 개선하기 위해서는 매우 중요한 사안이다.

공장 작업자는 공정 과정에서 인공지능 로봇과 1:1로 작업하지만 혼자서 완제품을 만들지 못한다. 여러 공정을 거쳐야 비로소 한 개의 완성품이 나온다. 똑똑한 기계와 일을 하지만 제조 현장에는 인공지능도 풀 수 없는 문제가 수시로 발생한다. 이를 해결을 위해서는 작업자 간 상호작용이 더 필요해진다. 현장 직원들이 작업 현장에서 발생하는 문제를 스스로 발굴, 개선하는데 전원이 참여하는 작업 문화가 필요하다. 특히 소단위 작업 조직, 작업자 간 협업이 절실히 필요하다.

'매일경제' 신문은 유럽의 대표적인 경영대학원 IE비즈니스 스쿨의 마일로 존스 교수, 파리경영대학원의 마티스 슐테 교수에게 AI와 함께 일할 미래 직장에서 사람들은 어떤 방식으로 일하게 될지 인터뷰했다.

우선 두 교수는 AI와 컴퓨터가 일상적이고 예측 가능한 업무부터 인간 노동자들을 대체해 나갈 것이라는 점에 동의했다. 하지만 인간의 역할이 더욱 중요해질 거라고 입을 모았다. 다소 역설적으로 들리는 주장이다. AI가 점점 더 많은 역할을 담당해가는 환경에서 인간의 역할이 어떻게 더 중요해질 수 있을까?

슐테 교수는 이에 대해 "AI가 풀 수 없는 문제들이 있다. 이는 사람들의 창의성과 협력을 통해서만 해결할 수 있기 때문이다." 라면서 "AI가 직장 내 인간의 역할과 인간 사이의 관계 및 상호작용의 중요성을 더욱 높여주는 것이다."라고 설명했다.

그 근거 사례로 프리스타일 체스 토너먼트 우승팀을 제시했다. 당시 체스 대회에서 우승한 팀은 평범한 컴퓨터 3대를 사용한 평범한 실력의 참가자들이었다. 최고 컴퓨터를 보유하거나 최고 체스 실력자가 속한 팀이 우승할 거라는 예측이 많았지만 전혀 다른 결과가 나왔다. 비결은 의사 결정을 내리는 절차적 과정에 있었다. 우승팀은 컴퓨터가 제시하는 방법을 합리적으로 분석하고 판단해 최선의 결정을 내렸다. 컴퓨터와 사람 간의 협업, 팀원들과의 협력 결과인 것이다.

존스 교수는 "다양한 산업 분야의 많은 부분에서 앞으로 수십 년간 인간과 AI가 함께 일하며 소통하게 될 것이라고 확신한다." 라면서 "AI를 활용해 일하는 두 부서 간 의견이 대립할 때 합리적인 결론을 내려주는 절차적 과정이 필요하다."라고 말했다.

마티스 슐테 교수는 또 "파리경영대학원에서는 학생들로 하여금 서로 협력해 매우 어려운 문제를 해결하게 하고 있다."라고 했다. 그 이유는 이것이 미래의 직장이 필요로 하게 될 능력이기 때문이다.

미래의 직무에서도 일의 가치를 높이기 위해서는 사람 간 협력, 기계와 사람과의 협업, 소통이 더 중요하다는 점을 알 수 있다. 그런데 이를 방해하는 것이 사일로silo 현상이다. 사일로는 원래 곡물을 외부와 분리해 저장하는 높은 굴뚝 같은 형태의 건물을 뜻한다.

경영 분야에 대입해보면 조직 내 부서 간 장벽이나 부서 이기주의를 의미한다. 조직 내 부서가 담을 쌓고 타 부서와 소통과 협력을 하지 못하는 문화이다. 조직의 각 부서는 각기 유용한 데이터를 움켜쥐고 다른 부서와 잘 공유하지 않는다. 사람이 아닌 기계 데이터도 이런저런 이유로 공유하지 않는다. 그 이유 중 하나는 데이터의 부실한 정도가 타 부서에 공개되는 것이 부담스럽기 때문이다. 또 다른 이유는 특별한 대가도 없이 고생한 결과를 나누고 싶지 않은 심리이다. 힘들게 모은 데이터를 제공할 경우 현장 개선이나 문제 해결의 과제가 우리 부서에 떨어질 것이라 예상하기 때문이다.

내부 조직 간 정보 공유가 되지 않는 것도 문제지만 외부 작업 조직과 관계에서도 마찬가지다. A사 부품을 B사가 구매하는 경우, A사 제품뿐만 아니라 부품 검사 데이터도 B사로 함께 와야 한다. 실시간으로 데이터들이 오가야 생산품의 품질을 높이는 데 효력이 나타난다. 그러나 이런 데이터의 교류는 절대 원만히 이루어지지 않는다.

미래에는 생각하는 기계인 지능형 로봇과 1:1로 작업하고 혼자 공정 내 생산 작업 계획을 세우는 방식으로 제조 현장이 탈바꿈할 것이다. 이 경우 공장 작업 당사자들은 서로 존중하는 의식보다는 경쟁 관계로 상대보다 우월해지려는 본능적 욕구를 표출할 수 있다. 만약 누가 더 우월한 사람으로 인식되면 그를 중심으로 수평적 관계가 수직적 관계로 변한다. 미래의 변화에 역행하는 현상이 출몰하는 것이다.

그러나 향후 작업 현장은 개인별 역할이나 책임이 분명해지고 작업자의 성과나 조직 기여도의 측정이 가능해진다. 이는 작업자에 대한 평가가 명확하게 이루어진다는 뜻이다. 이런 평가로 협력 수준을 통제하고 자신의 행위가 조직으로부터 인정받을 가능성이 어느 정도인지 예측도 할 수 있다.

산업화 이후 현장 제조직은 가장 큰 변화를 겪었다. 생산 라인의 기계화는 기업의 비용 절감이나 노사 갈등 문제를 해결해준다. 그로 인해 가장 빠르게 기술이 도입되고 기계화가 진행된다. 이를 인정하고 기계와 인간이 상생하는 방법을 모색해야 한다. 공정의 개선을 위한 건의나 조직의 성과를 위한 노력이 그것이다. 현장 근로자가 이를 반영하지 않으면 가장 빨리 사라지는 직종이 될 것이다. 다시 말하지만, 기업과 경영자에게 생산 노동자의 일자리 문제는 고려사항이 아니다.

토론에서 개선이 나오고
발전에 시동이 걸린다

　[도표 7-1]의 4사분면의 일은 정형화되었지만, 문제 해결이나 판단에는 인간의 힘이 필요하다. 이 영역은 일의 구조화가 확장될수록 기계에 대체 당하기 쉽다. 이 공간을 인간의 영역으로 확장하기 위해서는 토론을 통한 사고력을 키워야 한다. 기계의 작동 원리, 공정 개선을 이해하고 함께 작업하는 동료들에게 자기 생각을 논리적으로 표현하고 설득하는 게 중요하다.

　현재 국내 기업의 제조 현장에서는 대화가 거의 없다. 정해진 작업 방식 준수나 시간 내에 생산량을 달성하기 위해 자기 작업에만 집중한다. 작업자 간의 대화가 작업에 방해가 된다는 이유로 사적인 행위는 물론이고 작업과 관련된 대화도 엄격히 규제하고 있다. 그러나 이제 기계와 일하는 상황이 증가하는 제조 현장에서 기계를 프로그래밍하고 감독할 수 있는 지식이 필요하다. 현장의 경험을 나누고 새로운 전문지식을 충분히 받아들여 인공로봇을 감독하고, 공정 개선의 필요성을 주장하려면 의견을 나누고 자기 생각을 정리해야 한다.

사물의 이치와 기계의 작동 원리, 문제의 원인과 해결책 제시, 작업 동선 분석, 인간 본성을 정확히 꿰뚫고 있어야 한다. 이 모든 것은 동료 작업자들과 상호 수평적인 관계에서 가능하다. 지식이나 생각을 나누고 설득하기 위해서는 자기만의 생각과 표현을 적극적으로 해야 한다. 이를 위해 논리가 포함된 자기 생각을 정립되어야 한다.

첫 번째 방법은 원인과 결과에 대한 논리적인 사고이다. 세상은 인과 관계로 움직인다. 축구공이 골문으로 들어가는 것은 공을 찬 사람의 발끝에서 나온 힘이 공을 밀어내기 때문이다. 한 작업자가 품질 불량을 계속 낸다면 이는 한 원인으로 회사에 대한 불만이 있을지도 모른다는 생각도 해봐야 한다. 세상 모든 일이 원인과 결과로 돌아가는 것은 아니지만 적어도 인간 사회의 많은 일은 어떤 원인에 의해 움직인다. 우리는 결과만 보지 말고 원인을 볼 수 있어야 한다.

이를 탐색하기 위해 "왜?", "어떻게?"라는 질문을 수시로 하자. 많은 현장 근로자는 주어진 과제를 수행하면서 이 일을 왜 하는지, 어떻게 해야 상대방의 욕구에 정확하게 맞추는 방법인지 모른다. 정확히 말하면 생산량에 집중하느라 이유를 생각할 여유가 없는 것이다. 그러나 일하는 이유를 모르면 목적을 달성하기 어렵고 일에 흥미를 지니기 어렵다. 이유를 알 때 목표가 정확해지고 그것에 도달하는 다양한 방법을 생각할 수 있다.

우리는 "왜?"라는 질문에 익숙지 않다. 주어진 것을 입력하기에 여념이 없다. 이제 바꿔야 한다. 아이들에게 하듯이 자신에게도 "왜?"라고 묻는 여유를 가지자. 질문하고 논리를 깨치고 현장 이슈에 집중해 문제 해결을 위한 능력을 키워야 한다.

사람은 말하면서 논리를 만들어간다. 머릿속에서 놀라운 아이디어라고 생각되는 것도 말로 표현해보면 그렇지 못한 경우가 많다. 생각과 말 사이에는 큰 괴리가 있다. 글로 표현하면 더 괴리가 있다. 알고 있는 것도 말로 표현하기 쉽지 않다. 자신이 알고 있는 것을 다른 사람에게 논리적으로 전달하는 연습이 꼭 필요하다.

다음으로 개방적인 토론 문화를 만들어야 한다. 특정 내용이나 주제에 질문하고 답하는 문답식 교육을 하는 기업들이 있다. 이런 토론식 교육법은 참가자가 자발적으로 생각하고 답을 찾는

데 큰 자극을 준다. 나는 기업 교육 현장에서 제조업 현장 관리자를 대상으로 토론식 교육을 진행해보았다. 교재 없이 특정 주제를 정해 토론 형식으로만 시간을 운영했다. 결과는 예상외로 학습자들의 참여도와 만족도가 높았다. 우려했던 것처럼 질문에 답변하지 않거나 학습 난이도가 너무 높다고 곤란해하는 분위기는 찾아볼 수 없었다. 오히려 자신의 작업 경험, 공정 및 품질 개선 생각, 관련 지식을 가감 없이 표현하고 동료들의 이야기에 공감을 해주는 분위기가 조성됐다.

이제 제조 현장의 분위기는 작업자 간 대화와 토론이 활발한 모습으로 변화해야 한다. 단순 작업은 기계에 맡기고 작업자들은 업무 개선이나 단위 조직의 성과를 위해 서로의 경험과 생각을 나눠야 한다.

💡 THINKING POINT

자기 일을 대체하는 기계의 특성을 알 필요가 있다. 기계가 작동함으로 인해 생기는 오류나 문제 상황을 분석해야 한다. 기계가 생산하는 공정은 여러 시스템의 조합으로 이루어진다. 어느 한 부분에서 오작동 되면 이어지는 나머지 과정도 모두 잘못 진행된다. 그러므로 기계를 관리하는 현장직은 작업자 간 소통하며 작업의 원활을 꾀해야 한다. 즉, 단순 생산자가 아니라 기계를 통제하고 관리하며 감독하는 역할로 확장되어야 한다는 의미이다.

CHAPTER 08

위기는 기회이다
_연구 개발직

[연구 개발직을 위한 미래 능력 개발 행동 가이드]

* 연구 주제에 한정하지 말고 관심 영역을 넓힌다.

* 어떤 분야든 그 분야의 전문가를 만나 대화를 나눈다.

* 문제의 근본적인 원인이 무엇인지 곰곰이 살펴본다.

* 모방도 통찰력을 기르기 위해 꼭 필요한 생활 습관이다.

* 먼저 배우고 익혀야 자신만의 독창적인 영역을 만들 수 있다.

* '감성에서 태어난 창조성'과 '예민한 신체 감각'이야말로 연구직의 가장 큰
  경쟁력이다.

* 발상의 유연함을 익히기 위해서는 '시행착오'에 익숙해진다.

* 아날로그 데이터를 발굴한다.

* 개발 상품의 소비자와 더 많은 대화를 나누고 현장을 체험한다.

* 마인드맵, 로직 트리, 디자인 씽킹 등 창의력 개발 도구를 익힌다.

* 기존의 많은 창의적인 사례에서 공통 패턴을 찾아낸다.

새로운 생각이
기계를 뛰어넘는다

　전문 기술로 새로운 제품과 서비스를 창출하는 연구 개발직은 사회적 기대치가 높고 기술 발전의 핵심 인재로 인식된다. 기술직, 엔지니어로 불리는 연구 개발직의 범위는 기계, 전기, IT 등 매우 광범위하며 전문 영역별로 요구되는 지식이나 기술이 매우 상이하다. 그 활용 범위도 다양해서 인공지능이 탑재된 기계를 만들어내기도 한다.

　최신 기술을 반드시 학습하고 활용해야 하는 연구 개발직은 끊임없이 배우며 일을 진행하는 특성이 강하다. 지금의 지능로봇, 자율주행차, 사물인터넷 등은 도전적으로 테크놀로지 진보를 이끈 연구 개발직 종사자들 덕분이다. 하지만 연구 개발직은 잠시만 게을러져도 새로운 기술에 대체 당하기 쉬운 직무이기도 하다.

　여기에서 논의하는 연구 개발직은 공통으로 인식하는 범위에 한정하여 언급하려고 한다. 개별적 연구 분야를 언급하기에는 전문지식이 모자라고 더 차별화된 정보가 필요하기 때문이다.
　일반적으로 연구 개발직은 많은 아이디어가 필요하고 논리적이고 분석적 사고가 중요한 직무이다. 또한 논리적이고 분석적인 사고의 한계를 보완하기 위하여 감성적이고 창의적인 사고가

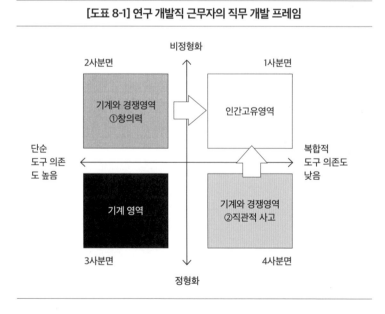

[도표 8-1] 연구 개발직 근무자의 직무 개발 프레임

요구된다. 복잡한 문제를 해결하고 새로운 차원의 아이디어를 내기 위해 논리와 분석적인 사고가 절대적으로 중요하다. 혁신적인 아이디어가 상품으로 태어나기 위해서는 창의적인 사고와 함께 분석적이고 논리적인 능력을 다시 필요로 한다.

기계가 더 빠르게 처리하는 자료의 분석이나 논리적 추론은 기계에 맡기면 된다. 대신 혁신적이고 새로운 차원의 아이디어 개발, 개념 설정, 미래 변화에 대한 통찰력을 발휘하는 데 집중하자.

창의력은 과거뿐 아니라 현재, 미래에도 연구 개발직의 핵심 사고이다. [도표 8-1]에서 2사분면에 해당하는 일의 특성은 정형화되지 않고 수시로 외부 환경 변화에 맞추어 대응해야 한다. 업무가 간단하면서 도구의 사용이 가능한 영역이기도 하다. 단, 새로운 상품의 개발, 빠르게 변하는 시장의 요구에 맞추어 상품을 개발해야 하는 어려움이 있다. 기계가 시장과 소비자의 흐름을 미리 파악하기란 불가능하다. 통계 자료 분석에는 뛰어나지만 경우의 수를 대입한 미래 예측은 고난도의 사고력을 요구하기 때문이다. 따라서 연구 개발직에 종사하는 사람이 논리적·분석적 기법, 분석 자료의 활용에 익숙하다면 새로운 연구 주제를 해결해 지속적으로 업무 성과를 낼 수 있다.

반면, 4사분면은 인간 고유의 능력을 활용한 영역이다. 인간의 욕구, 인간의 본능을 읽어가면서 미래상을 예측하는 직관이나 통찰력이 요구된다.

[도표 8-1]의 2사분면에 해당하는 업무는 기계나 도구를 사용해서 처리할 수 있다. 하지만 비정형적이고 변화가 심해 오롯이 기계에 의존하기는 어렵다. 이제까지 기계가 일자리를 위협하는 지금 인간의 창의성은 생존을 위한 제1 조건이었다. 창의성은 기계가 침범하지 못할 부분으로 여겨졌기 때문이다. 하지만 이제는 로봇이 쓴 시와 인간이 쓴 시를 구분하기 어려울 정도가 되었다. 작곡을 하는 인공지능도 등장했다. 이처럼 창의성의 영역마저도 기계가 침범하고 있어 이제는 인간만의 고유 영역이라 하기 어려워졌다. 그럼에도 기업이 직원에게 가장 원하는 경쟁력은 새로운 것을 만들어내는 '창의적 사고'이다.

많은 사람이 '창의성'하면 에디슨이나 스티브 잡스, 빌 게이츠를 떠올린다. 하지만 이러한 창의성은 무척이나 어렵고 불편한 영역이다. 지동설을 주장한 갈릴레이는 종교재판에서 가택연금을 당했다. 측우기를 발명한 장영실은 관노의 신분에서 임금의 총애를 받는 발명가로 극적인 삶을 살았지만 세종 24년에 삭탈관직으로 파직되어 물러났다. 2007년 11월 네이처가 인류 역사를 바꾼 10명의 천재 중 가장 창의적인 인물 1위는 레오나르도

다빈치다. 다빈치는 이탈리아 르네상스를 대표하는 석학^{polymath}으로 화가이자 조각가, 발명가, 건축가, 기술자, 해부학자, 식물학자, 도시 건설가, 천문학자, 지리학자, 음악가였다. 그러나 출신의 한계로 정식 학교에서 읽고 쓰기를 배우지 못했다. 이런 이유로 당대의 학자들로부터 무시당했다.

현대의 일터에서 요구하는 창의성은 에디슨이나 갈릴레이처럼 세상을 뒤집는 발상을 의미하지 않는다. 하늘 아래 새것을 만들어내라는 요구도 하지 않는다. 조직이나 구조 속 창의성의 본질은 무심코 지나간 것을 새롭게 해석하고 새로운 의미나 가치를 부여하는 것이다. 기존의 많은 창의적인 작품에서 공통 패턴을 찾아내고 모방을 통해 새로운 가치를 부여하면 된다. 자기의 업무 영역에서 좀 더 가치 있고 진전된 결과를 창출해내는 것이다. 고정 관념이나 기존의 사고에서 벗어나 다양한 시각으로 다른 관점에 접근하는 수준을 말한다.

창의적 결과물이 과거에는 사람들과 토론하고 연구하면서 만들어낸 것이라면 미래에는 기계와 협업하면서 도출된다. 논리적, 통계적, 분석적인 부분은 생각하는 기계에 맡겨두고 '창의력'에 집중하는 것이 엔지니어로서 경쟁력을 높이는 길이다. 어느 부분에서는 기계의 도움을 받아야 더 창의적 해결이 될 수도 있다. 자료 분석이나 데이터 해석이 어려울 때, 진부한 생각들만 떠오를 때는 생각지 못한 대안을 기계가 보여줄 수 있다. 내가 생각해낸 것이 어디선가 들은 것 같거나 내가 제시한 연구 모델이 어디선가 접한 듯한 느낌이 들 때 데이터에서 찾아보면 순식간에 검색하여 그 여부를 알려준다.

정해진 영역에서 정해진 데이터를 중심으로 새로운 결과를 요구하면 기계는 데이터 정리, 상관 관계 분석, 조합을 통해 더 창의적인 결과를 산출한다. 그러나 일상이나 비즈니스에서 판단과 대응이 항상 동일한 패턴을 따르거나 절대 변하지 않는 고유의 값을 가지지는 않는다. 급변하는 외부 상황의 대응이나 이례적인 결과를 요구하면 기계가 감당해내지 못하므로 인간의 능력이 투여되어야 한다. 결국, 연구 개발 직무에서는 항상 새로운 아이디어를 제시하는 사람이 존중받는다.

창의적인 업무를 하려면 무엇이 필요한가?

첫째는 산업 현장의 다양한 경험을 토대로 새로운 생각을 떠올려야 한다. 그러나 창의적 발상이 생각처럼 잘 되지는 않으므로 노력과 연습이 필요하다. 현장을 느끼고 직접 몸을 움직여서 체득한 쓸모 있는 경험이 창의력의 기초가 된다. 이를 바탕으로 기존의 지식을 변경, 변형, 결합, 제거, 추가, 적용, 반대 또는 과

장된 생각을 거치면서 '새로움'을 만들어내는 것이다.

두 번째는 어떤 문제에 끊임없이 의문을 제기해야 한다. 질문은 호기심을 갖고 스스로 과제를 해결하려는 의지에서 나온다. 자신의 아이디어를 당당하게 내놓을 자신감을 기르자. 문제 해결을 위해 끈기와 인내를 기르고 새로운 변화에 당황하면 안 된다. 이를 즐기는 사람이 되어야 활용의 범위가 넓어진다.

세 번째는 자기 생각을 정리하고 표현할 줄 알아야 한다. 새롭게 얻은 지식이나 새롭게 경험한 것 등, 자기 나름의 '숙성' 과정을 거쳐야 자기 것이 된다. 피상적이고 활용 가치가 없는 정보들의 파편에 불과하다. 자신이 정리하고 이해한 과정을 거치면 새로운 사고 관점이 생기고 현업에 적용할 아이디어도 생긴다.

이를 타인과 공유하고 확장하는 일도 중요하다. 회사의 회의나 발표 자리에서 '내 생각이 틀리면 어쩌지?', '나는 안 들어본 건데 팀원들이 알고 있는 것이면 망신인데.'라는 생각은 버려라. 연구 개발직의 창조적 활동의 모습은 자유로운 협업과 시행착오에서 커나간다. 자기 의견 드러내기를 망설이고 주저하는 순간 자신의 한계가 된다.

마지막으로는 아직 데이터가 없는 새로운 분야에 적극적으로 도전하자. '빅데이터'가 유용한 이유는 일반 데이터에 포함되지 않은 광범위한 영역의 비정형 데이터(사진, 영상, SNS 활동 기록 등 일반적인 방법으로 계산할 수 없는 형태)까지 포함되기 때문이다. 그로 인해 기존 데이터의 조합에서는 찾을 수 없던 새로운 가치를 발굴할 수 있다. 결과가 예상되는 정형 데이터 분석과 달리 형태가 가변적인 비정형 데이터는 그만큼 무한한 해석과 관점을 담을 수 있다.

자료나 데이터가 없는 새로운 영역, 주제에 관심을 가지고 연구 자료의 학습, 세미나 참석, 토론회에 참여하자. 무수한 자료 더미에서 가치를 찾아내야 한다. 그것을 어디에 어떻게 적용해 기술을 발전시킬지, 상품 가치를 바꿀지에 대한 일은 연구개발직의 몫이다.

-☆- THINKING POINT

창의적 발상은 연구 개발직의 필수 요소이다. 인공지능 AI는 창의적 영역까지 공략하고 있다. 기사를 쓰고 그림을 그리고 작곡을 하고, 소설을 집필한다. 하지만 아직은 빅데이터에서 끌어낸 결과물일 뿐 인공지능의 창의력이 어디까지 발전할지는 아무도 모른다. 인간이 여기에 맞서는 방법이 있다면 최대한 자기 경험치를 높이는 것이다. 경험을 바탕으로 의문을 제기하고 그것을 해결하기 위해 도전해야 한다. 기계가 넘보는 영역 밖으로 사고를 확장해야 한다.

직관은
종합적 판단이다

[도표 8-1]의 4사분면 직무는 정형화된 일상적인 업무이지만 인간의 판단을 절대적으로 필요로 한다. 기업이 불확실한 환경을 돌파하고 새로운 가치를 만들어내기 위해서는 미래에 대한 정확한 예측과 혁신적인 아이디어가 필요하다. 데이터에 의존한 분석적 사고만으로는 이 문제를 해결할 수 없다. 불확실성이 가득한 미래는 현재의 제도와 관습, 질서가 통하지 않는다. 그만큼 정형화되고 계량화하기 어렵다. 이런 상황에서 우리에게 필요한 역량으로 직관력'이나 '통찰력'이 있어야 할 것이다.

연구 개발 업무는 이성적, 논리적 사고를 필요로 한다. 오랜 시간 동안 분석과 고민한 결과이지만 최종 의사 결정 단계에서 어려움을 겪기도 한다. 치밀한 분석과 논리적인 검증 단계를 거쳐 나오는 연구 결과물도 의미가 있지만 때로는 순간적인 판단으로 어려운 문제가 해결되기도 한다. 복잡한 일을 맞닥뜨리거나, 긴박한 상황에서 의사 결정을 해야 할 때 순간적으로 솟아오르는 생각과 느낌에 의존하는 경우도 있다. 우리는 이를 '직관적 사고'라 부른다.

스타벅스의 하워드 슐츠^{Howard Schultz} 회장은 밀라노 거리를 걷다가 순간적으로 이탈리아 스타일의 카페를 미국에 도입하면 성공할 거 같은 확신이 섰다. 그의 판단은 시장 조사에 기반한 분석 결과로 얻어진 결과가 아니다. 찰나의 강력한 직관이었다. 이 번뜩이는 순간적 발상이 오늘날 스타벅스의 출발이었다. 직관적 사고의 힘을 잘 보여주는 단적인 예이다. 누구나 하워드 슐츠가 될 수 있다. 어떤 이슈에 관심의 끈을 놓지 않고 몰두하면 성공 확률은 더 커질 것이다.

사람들은 직관^{Intuition}을 오해한다. 마술처럼 혹은 마법처럼 갑자기 일어나는 '감^感' 또는 '본능'이라고 믿는다. 그렇지 않다. 직관은 반짝거리는 생물학적 현상이라기보다 개인의 경험을 바탕으로 종합적인 사고의 과정을 거쳐 이루어지는 판단 능력이다.

통찰과 직관의 힘을 의미하는 《블링크》의 저자 말콤 글래드웰은 "블링크blink는 직감과 어떻게 다른가요?"라는 질문에 다음과 같이 답했다.

"직감이라는 단어는 때로 비이성적 결정이나 행동을 뜻하죠. 직감은 감성이고 굳건한 기반 위에 있지 않은 그냥 느낌이라고나 할까요. 저는 이 단어를 좋아하지 않아요. 저는 '생각', 다시 말해 직관적 사고란 말을 더 좋아합니다. 순간적인 판단은 이성적인 판단이기 때문입니다. 빠른 것이 나쁜 것은 아닙니다. 빠른 것이 덜 다듬어지거나 덜 이성적인 것을 말하는 것은 아니죠."

직관은 본질을 꿰뚫어 큰 그림을 보게 하는 힘의 원천이다. 과거보다 정보의 종류와 양이 급격하게 늘어나는 가운데 이제 정보량보다 정보 자체의 가치와 의미를 도출해내고 효과적으로 활용하는 역량이 더욱 중요해지고 있다. 직관적 사고가 주변에 제시되는 수많은 정보를 조망하고 상황을 해석해 문제의 본질을 꿰뚫어보도록 돕기 때문이다.

직관력을 높이기 위해 연구 개발직 종사자가 할 수 있는 행동은 무엇인가?

첫 번째는 뛰어난 직관력으로 성공했던 경험이나 다른 연구직

종사자들의 사례를 연구해야 한다. 필요할 경우 성공적 리더들이 문제 해결을 위해 사용한 핵심 정보들은 무엇이고, 어떤 방식과 과정을 거쳤는지 관련 전문가와 함께 연구해도 좋다.

애플은 자회사의 성공적인 의사 결정 사례를 수집하고 연구하여 데이터베이스화한다. 이 자료를 전 구성원에게 교육함으로써 애플만의 특화된 문제 해결 방식을 공유한다.

두 번째는 판단에 필요한 경험을 쌓아야 한다. 주위에서 무슨 일이 일어났는지, 자신이 무엇을 하는지 객관적 판단 경험이 필요하다. 계속해서 정보를 축적하고, 축적된 정보와 경험을 빠른 속도로 사용해 보는 것이다. 예를 들어 뛰어난 축구 선수는 골을 넣을 때 자신이 취할 수 있는 모든 행동을 분석해 슛하지 않는다. 선수 경험이 적을 때는 의식적으로 많은 노력을 기울여 골 넣는 방법을 배운다. 이후 체계적인 훈련과 경기로 실전 경험이 쌓이면 상황에 따라 무의식적으로 골을 넣는다. 상황에 따라 필요한 행동을 취할 힘과 에너지가 생기는 것이다.

연구 개발직 종사자가 책상에서 컴퓨터만 만지는 시대는 지나갔다. 기술이 사용되는 현장에서 자신이 만든 상품을 사용하는 소비자 입장을 체험하고 경험을 쌓는 일이 필요하다.

직관은 개인적 감인 '직감'과 다르다. 통찰력에서 나오는 사고이다. 순간에 발현될 수도 있고 오랜 기간 숙고 끝에 내린 결정이기도 하다. 관심 있는 분야에 직관이 생기고 연구의 발단이 된다. 연구 개발직은 주어진 과제만 수행해서는 안 된다. 감춰진 정보를 찾아내 경험을 바탕으로 직관적 판단을 해야 한다. 미래를 바꿀 생각이 바로 여기에서 나온다.

CHAPTER 09

넓은 시야를 확보하라
_관리 사무직

[사무 관리직을 위한 미래 능력 개발 행동 가이드]

* 미래 지향적으로 일한다.

* 고정 관념은 버린다.

* 내 일에 사람을 끌어들이고 참여하게 한다.

* 수시로 대화의 장을 마련하고 질적인 대화 비중을 늘린다.

* 조직에 기여할 성과 중심의 업무를 한다.

* 조직 이슈를 발굴하고 도전적으로 대응한다.

* 기계와 협력하여 성과를 내도록 직무 구조를 다시 디자인한다.

* 기계나 도구를 활용하여 업무 가치를 높이도록 일하는 방법을 바꾼다.

* 타인의 생각이나 감정에 긍정적인 반응을 해준다.

* 상대방에게 관심을 가지고 감정과 행동을 관찰한다.

* 인간 내면의 세계를 다룬 심리학 도서를 읽는다.

* 통계적 분석 기법에 대한 지식을 쌓는다.

자기 주도 이슈 파이팅

국내 한 경제연구원이 2018년 발간한 '인공지능에 의한 일자리 위험 진단' 보고서에 따르면, 국내 일자리 중 43%가 인공지능으로 대체될 가능성이 큰 고위험군에 속한다고 보았다. 전체 취업자 2,660만 명 중 1,136만 명이 직장을 잃을 수 있다는 진단이다. 사무직·판매직·기계 조작 직군부터 관세사·회계사·세무사 등 전문직도 포함된다.

'로보틱 프로세스 자동화(RPA)' 솔루션을 도입하는 기업들이 증가하는 추세를 그 근거로 삼았다. 이 로보틱 프로세스 자동화 솔루션은 인공지능을 탑재한 가상 비즈니스 로봇이 서류 분석, 보고서 작성, 메일 회신, 인사 채용, 성과 지급을 담당하는 자동화 기술이다. 컴퓨터 전문업체 IBM은 기업 사무직 업무의 63%가 RPA로 대체될 것으로 봤다. 이는 기계화가 가속화되는 상황에서 고학력자도 일자리 문제에서 안심할 수 없다는 말이다. 미래의 직업에 관한 연구나 관련 책에서는 단순 사무직이 가장 빨리 기계에 대체될 것으로 보고 있다.

물론 반론도 있다. 2018년 경영·회계·사무 인적자원개발위원회[ISC]가 발간한 '4차 산업혁명과 직무변화 관점의 대응' 연구 자료를 보자. 이 보고서는 미래 기술의 발달이 일자리에 미치는 논란은 증가나 감소 중 어느 한쪽에 치우친다고 보지 않는다. 기술의 영향력은 '기술의 일자리 대체 효과'와 '기술의 생산성 향상으로 인한 일자리 창출 효과'의 상충 관계[Trade-off]로 봐야 한다는 주장이다. 직무별 특성에 따라 미래 기술의 영향을 받는 강도가 다르기에 일자리보다 직무 자체에 주안점을 두어야 한다는 뜻이다. 즉 직무의 융·복합화와 디지털 역량의 비중에 따라 직무 자체의 속성이 변하고 일하는 방법도 변한다는 것이다.

그렇다면 왜 관리 사무직 업무 소멸과 대체에 우려가 큰 이유는 무엇일까? 관리 사무 업무는 일상적인 반복 업무가 많거나 기획, 교육 훈련, 인사 등 손에 잡히지 않는 업무 특성이 강하기 때문이다. 지금까지 사무 업무는 정량화할 수 없어 성과를 평가하기도 어려웠다. 그러나 이제 기계의 도움을 받아 사무직 종사자가 하는 일을 분석하고 성과를 평가하는 일이 가능해졌다. 일자리 대체 가능성의 반대편에서 보아도 사무·관리직이 담당하는 업무는 조직의 비전과 구조, 사업 성과를 다루는 중요한 일들이다. 따라서 관리 사무직이 쉽게 사라지지는 않겠지만 일하는 방법에는 큰 변화가 있을 전망이다.

미래에 관리 사무직이 제대로 일을 하기 위해서는 사업 전체 성과를 올리는 일에 중점을 두어야 한다. 조직 내 비효율 현상

[도표 9-1] 관리 사무직 근무자의 미래 능력 개발도

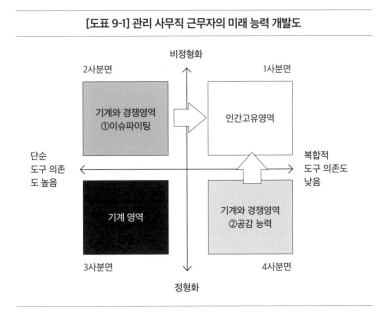

을 타파하고 조직의 미래지향적인 목표를 설정해야 한다. 여기에 더해 자원을 분배하고 이해 관계 집단에 동기를 부여하는 일도 맡아야 한다. 아직은 생각하는 기계가 이 일을 할 수가 없다. 또 관리 사무직은 조직 내 구성원에게 영향을 미치는 일을 하므로 시대의 변화에 민감하게 반응하고 구성원들의 동참을 이끌어 내야 한다.

따라서 관리 사무직이 인공지능에 대체 당하지 않고 사람 중심의 일을 하려면 조직변화를 위한 이슈 파이팅을 하고 타인과의 공감대를 형성할 줄 알아야 한다는 것이다.

이슈 파이팅이란 조직과 이해 관계자의 존립에 긍정적 또는 부정적 영향을 미치는 문제에 대하여 도전적·선제적으로 해결점을 찾아 변화를 정착시키는 활동이다.

좋은 기업은 결국 사람이 만든다. 사업 목표, 조직 체계 및 일하는 방법 등 구성원들의 의식 변화를 만드는 것이 중요하다. 이를 위해 공론의 장과 네트워크 형성 등 주변 여건을 조성해야 한다. 조직이 존립하기 위해 관리 사무직은 궁극적으로 기업의 '싱크 탱크' 역할을 해야 한다. 조직의 이슈를 찾아내고 그 이슈를 해결하기 위해 조직과 사람에게 변화를 이끄는 능력을 개발하는 것이다. 바로 이것이 '이슈파이팅'이다.

런던 비즈니스 스쿨 게리 해멀 교수와 미시간경영대학원 C. K. 프라할라드 교수가 공저한 《미래를 위한 경쟁》에 나오는 실험을 보자.

다섯 마리 원숭이가 우리 안에 있다. 우리 안 사다리 위에는 바나나가 놓여 있다. 원숭이 한 마리가 사다리 위에 놓인 바나나를 먹으려고 사다리를 오르면 나머지 네 마리 원숭이들에게 차가운 물을 뿌렸다. 다른 원숭이들도 바나나를 잡으려고 계속 시도할 때마다 나머지 원숭이들에게 차가운 물을 뿌렸다. 원숭이들은 바나나를 잡으려고 하면 차가운 물을 뿌린다는 사실을 습득했다. 그 이후로 한 마리 원숭이가 사다리에 오르려고 하면 나머지 네 마리 원숭이가 공격했다.

이후 실험에 약간의 변화를 주었다. 기존에 있던 원숭이 중 한 마리를 빼고 새로운 원숭이 한 마리를 집어넣었다. 새로운 원숭이는 당연히 사다리 위에 있는 바나나를 먹고자 사다리를 올라갔다. 그러자 기존에 있던 네 마리 원숭이들이 그 원숭이가 올라가지 못하게 공격했다. 새로운 원숭이는 차가운 물보다 다른 원숭이들의 공격 때문에 바나나를 탐하지 않게 되었다. 얼마 후 또 다른 새로운 원숭이가 다시 우리에 들어왔다. 처음 새로 들어온 원숭이처럼 두 번째 들어온 원숭이도 바나나를 잡으려고 사다리에 올랐다. 역시 처음에 새로 들어온 원숭이를 포함해 다른 원숭이들의 공격을 받았다. 결국 두 번째 새로운 원숭이도 처음 새로운 원숭이와 마찬가지로 바나나를 탐하지 않게 되었다. 차가운 물벼락을 맞은 기존 원숭이들의 공격으로 새로운 원숭이들은 이유도 모르는 채 바나나를 포기했다.

이 실험은 집단 내 관습이나 문화에 젖어 이유도 모르는 채 잘못된 행동을 그대로 따라 하는 행동을 일깨운다. 대상을 인간으로 바꿔보자. 인간은 어떻게 해야 할까? 정말로 이유를 묻지 않을까?

새로운 원숭이들은 왜 바나나를 탐하면 안 되는지 물어봐야 한다. 기존 원숭이들도 차가운 물을 맞을 때 왜 차가운 물을 맞아야 하는지 이유를 알아내야 한다. 조직에서 장소와 시대에 따라 해오던 방식대로 진행되는 일도 처음에는 그렇게 한 이유가 있다. 첫 직장에서 관리 사무직이었던 나도 선임자가 가르쳐주는 대로 일을 했다. 어느 정도 요령이 생기면서 더 효율적이라 생각되는 방식으로 바꿔보려고 노력했다. 그러나 주변의 저항도 있고 결과도 만족스럽지 않았다. 일하는 방식을 바꾸면서 많은 시행착오를 겪었다. 결국 관리 사무 업무는 나 혼자서는 바꾸기 어렵다는 결론을 냈다. 전 조직을 대상으로 하는 업무라 연관 직무나 관련된 사람이 많아 서로 불편했기 때문이다.

그러나 새로운 결과를 원한다면 누군가 일하는 방식을 바꿔야 한다. 조직에서는 변화의 흐름을 파악하지 않고 해오던 관행대로 일 처리하는 경우가 많다. 특히 관리 사무직 업무는 더욱 그렇다.

원숭이와 사람의 차이점은 "왜 이렇게 하나요?"라고 질문할 줄 안다는 점이다. 이에 "그냥 그렇게 해!"라고 들었다면 "그럼, 다르게 해보는 건 어떨까요?"라고 되묻거나 "저는 좀 다르게 해 볼게요."라고 말해야 한다. 이것이 관리 사무직에 필요한 이슈 생성과 해결 방식이다.

관리 사무직의 인사 담당자가 일하는 사례를 보자. 채용 업무 는 기업 자체적으로 하지만 공기업이나 대기업은 외부 용역업체 가 참가하여 서류 심사, 면접 전형을 돕는다. 그렇다고 외부 용역 으로 인해 인사 담당자가 고차원의 일을 하거나 여유로워진 것 은 아니다. 오히려 용역업체를 관리하고 일의 진행 상황 점검, 채 용 과정상의 민원 대응 등으로 바쁘다.

지원자 서류를 접수하고, 일정한 조건을 갖춘 지원자를 선발 하는 일은 프로그램에 맡기는 게 더 효율적이다. 인사 담당자는 이보다 채용의 예측 타당성을 높이기 위한 새로운 채용 기법 도 입, 인적 데이터를 어떻게 분석하여 무엇을 어떻게 적용할지 연 구하는 것이 더 중요한 과업이다.

나는 지난해부터 올해까지 공기업 인사 교육컨설팅을 했다. 그 경험으로 People Analytics이란 새로운 주제에 관심을 갖게 되었다. People Analytics란, 조직 구성원과 관련된 채용, 보상, 복지, 교육, 승진, 퇴직 등 주요한 인사 결정에 빅데이터 분석을 활용하는 것을 말한다. 대량의 데이터 분석을 활용하면 '객관성'을 높일 수 있고 '미래를 예측'할 수 있기에 더 신뢰성있는 일을 할 수 있다. 또한 조직의 문제에 대하여 선제적으로 대응할 수 있는 '이슈 생성과 파이팅'도 가능하다.

지금까지 인사 관리는 과거 행적을 적용하거나 상사의 주관 및 직감이 개입되기 쉬웠다. 그러나 인사 데이터를 활용하면 과거뿐 아니라 누가 이직할 확률이 높은지도 예측할 수 있다. 이를 근거로 객관성과 공정성 향상에 기여할 수 있다.

최근에는 Data Analytics 기법이 발전하여 채용 과정에서 지원자의 조직 적합 요소를 추출할 수 있게 되었다. 기존 우수 사원의 데이터를 기반으로 인재상, 필요 역량, 근속 기간, 인사 평가, 인구 통계 자료를 분석하여 최적의 인재 요건을 설정하는 것이다.

그렇다면 인사 담당자가 고민할 것은 이 조건에 타당한 채용 방식이 무엇인지, 지원자로부터 양질의 데이터를 어떻게 수집, 분석할지만 결정하면 된다. 다른 예로 이직률 관리라는 조직 이슈에 어떻게 파이팅할 것인지 생각해보자. 이 일에서 인사 담당자는 기계가 산출한 이직률 분석을 무엇에 활용할지만 고민하면 된다. 이직률이 개인 특성과 관련성이 깊다고 분석되면 채용 과정에서 이직률 높은 사람들이 갖는 개인 요소를 지닌 지원자를 배제하고 다른 후보자를 채용하면 된다. 그러나 높은 이직률이 조직 차원의 문제라면 조직 몰입도, 직무 만족도를 올리기 위한 프로그램을 운영하고 구성원들의 감성을 자극하는 동기 유발 프로그램을 운영해야 한다.

우리는 자신의 업무와 관련된 다양한 조직 이슈에 민감하다. 각자 해결책을 머릿속으로 구상한다. 그러나 객관적이고 명쾌한 방법이 없어서 실천하는 데 어려움을 겪는다. 그러다 보니 아직 관리 사무직의 업무는 담당자, 경영진의 관습대로 채용, 교육 훈련, 복지 제도 등이 운영되고 있다.

이제부터 관리 사무직은 각자 인사, 재무, 총무 등 자기 업무를 수행하면서 그 속에서 조직의 이슈를 찾아 성과를 창출해내자. 담당자의 감이나 주관성, 상부의 지시만 받아 수행하던 방식에서 벗어나 데이터 분석을 통해 객관적이고 공정한 방법으로 이슈 파이팅을 할 줄 알아야 한다. 특히 사업 환경이 급변하고 사람들의 가치관이 다양해지는 현시점에서는 그 가치가 더욱 필요하다. 회사의 관리 사무직이라면 경쟁사들이 무수히 몰리는 여건에서 조직 이슈를 찾아 선제적으로 대응하고 변화를 추진하는 일에 더욱 힘써야 한다.

💡 THINKING POINT

관리 사무직은 습관과 관습에 얽매여 일하기 쉬운 분야다. 기존의 업무 방식에서 변화를 꾀하지 않는다. 익숙함을 추구하고 행정적 실수를 줄이려 하기 때문이다. 하지만 이제 이런 관리는 기계로 대체되고 있다. 이에 전전긍긍하지 말고 생각을 전환해 조직의 이슈를 주관하자. 변화하는 업무 특성과 사업 환경에 조직원이 잘 적응하도록 도와야 한다. 비로소 진정한 관리 업무가 주어진 것이다.

타인을
이롭게 하라

　[도표 9-1]의 관리 사무직 4사분면은 일이 정형적이고 규칙적이지만 기계가 할 수 없는 부분이 많은 영역이다. 사람과의 대면으로 일 처리하는 업무의 본질에 따라 일의 향방이 달라진다. 그러므로 자기 부서의 업무 특성을 정확하게 이해할 필요가 있다.

　총무 업무는 회사의 시설물, 집기를 통제하는 것이 아니라 직원들이 즐겁고 편안하게 일하도록 사무 환경을 조성하고 필요 자원들을 제공해준다. 재무 회계는 예산을 삭감하고 지출을 줄이는 게 핵심 업무는 아니다. 예산을 줄이는 일은 누구나 다 할수 있다. 요구 금액에서 일정 비율로 삭감하면 된다. 이보다는 어떻게 하면 비용을 합리적으로 절감할 수 있을지, 사내 예산 관련 데이터를 어떻게 효율적으로 관리할 수 있을지에 집중해야 한다. 인사 업무는 사람을 관리하는 중요한 직무이다. 채용, 교육 훈련, 급여, 평가 등 인사 관리의 전 영역은 구성원의 삶에 직접 영향을 주기 때문이다. 채용과 해고의 업무를 권력처럼 행사하고 인사 평가 및 규정으로 내부 직원을 통제하는 일은 인사 관리의 본질과 거리가 멀다. 그보다 직원들이 일로 보람을 찾고 능력을 발휘할 수 있도록 지원해주어야 한다.

개개인이 직장에 만족하고 성장할 수 있도록 도와주는 업무가 인사 관리의 본질이다. 이직자들의 서류를 접수하고 행정적으로 후속처리를 해주는 일보다 이직의 사유, 이직 발생 시기, 수행했던 업무 관련 데이터를 수집하고 분석하여 예측 모델을 만들고 인사 관리에 적용하는 일이 더 의미 있다. 이직 예측 모델로 직원들과 사전 면담을 하거나 채용 요건에 적용하여 이직 가능성이 큰 지원자는 신중하게 채용 여부를 결정하도록 유도하면 된다.

관리 사무직의 업무는 전체 조직 구성원들을 대상으로 한다. 업무를 추진하는 과정에서 사람들의 동참을 이끌어내야 한다. 예산 집행 절차를 변경하고 인사 평가 기준을 새롭게 만들고, 사내 복지 시설 이용 시간을 변경하면서 구성원들의 저항이 클 수 있다. 현재의 방식도 아무 문제가 없는데 왜 불편하게 바꾸는지 이해 불가라고 반발한다. 따라서 새로운 기준을 만들 때는 직원들에게 어떤 유익과 혜택이 돌아가는지 먼저 설명해야 한다. 조직 구성원들 모두의 참여를 촉진하고 소통 중심의 소프트 스킬 Soft Skill이 중요한 이유이다. 소프트 스킬은 새로운 이슈 해결을 위한 공감 소통 능력, 업무적 관심, 타인을 배려하는 태도이다. 기계가 절대로 학습할 수 없는 영역이다.

나는 수년 동안 기업 현장에서 리더십, 일하는 방법, 변화 관리를 강의했다. 디지털 시대에 우리는 어떤 준비를 해야 하는지, 미래에 일하는 방식이나 근무 형태는 어떻게 변할 것인지, 더 행복한 삶을 살기 위해서는 무엇을 준비해야 하는지를 주제로 교육 참가자들과 고민해왔다. 그런데 코로나로 인해 이 영역에 강제적인 변화가 찾아 왔다. 비대면 회의, 재택 근무, 디지털 도구의 이용 증가, 직무 재조정 등 독립적인 업무 수행 방식으로 환경이 변한 것이다. 이런 환경 변화가 구성원의 심리적인 상태에도 부정적 영향을 미치고 있다.

앞으로는 독립적으로 일하는 구성원들이 늘면서 타부서의 협력과 참여를 이끌고 조직 연대감을 높일 수 있는 관리 사무직 능력이 더 중요해질 것이다. 지난 10년 동안 조직 컨설팅을 하고 강의 워크숍을 수행하면서 참가자에게 "일이 힘드세요, 사람이 힘드세요?"라는 질문을 던지면 대부분 사람 때문에 더 힘들다고 말한다. 인간 관계가 그만큼 어렵다는 뜻이다. 자기 의도와 다르게 쌓이는 오해와 갈등은 인간 관계에서 언제든 생길 수 있다. 따라서 관리 사무직은 인간에 대한 이해와 사람 중심의 업무를 수행하며 중재해야 한다. 이를 위해서는 타인에 대한 '공감' 역량이 필요하다.

공감 능력은 인류가 가진 독특하고, 위대한 정신 작용이다. 다른 사람의 마음을 읽고 감정을 느끼는 것은 아주 쉬운 일처럼 보이지만, 사실 인류 외에는 공감 능력을 지닌 동물이 없다.

갈수록 삶에서 관계의 끈은 단절돼가고 있다. 우리는 현재의 순간이나 심지어 내 앞의 사람도 완전히 의식하지 않게 되었다. 다른 사람과 같이 있는데도 상대의 감정을 살피지 않고 생각은 또 다른 곳에 가 있는 경우가 많다. 친구와 만나도 스마트폰만 들여다보는 사람들이 더 많은 지경이다. 기계가 월등하게 발전하는 시대에 인간만의 강점으로 공감 능력을 꼽지만 공감의 레벨은 올라가지 않고 있다. 타인에 대한 공감 능력이 절실하게 요구되는 시대이다.

공감 문제를 오랫동안 연구해온 미국 텍사스대학 사회심리학자 윌리엄 이케스 교수는 《마음읽기_공감과 이해의 심리학》에서 "오랜 기간 함께 생활해온 부부와 신혼부부 중 어느 집단이 공감의 정확도가 높을까?"라는 주제를 연구로 그 결과를 밝혔다. 오래된 부부간에는 서로에 대한 정보가 많을 테니 공감 정확도가 더 높을 것이라는 가정에서 출발했다. 하지만 연구 결과는 정반대로 나타났다. 결혼 기간이 길수록 공감 정확도가 떨어졌다. 결혼 생활을 오래 한 부부는 최근에 결혼한 부부들보다 상대방의 생각과 감정을 정확하게 읽어내지 못했다.

왜 오래된 부부일수록 서로에 대한 공감 능력이 떨어지는 것일까? 이는 오래된 부부들은 친밀한 접촉으로 상대의 생각과 감정을 진정으로 나누기보다 상대방에 대한 고정 관념에 근거해 잘못 이해하기 때문이라는 것이다. 가정생활 동안 마음이나 주변 상황은 계속 변하는데, 부부 사이의 친밀한 의사 소통이 줄어들면서 상대방에 대한 정확한 인식 수준은 감소한다. 서로 민감한 문제를 대화로 해결하기보다 회피하거나 다음으로 미루는 경향도 강해진다. 반면 신혼부부는 결혼 관계를 잘 유지하기 위해 상대방의 감정과 생각을 읽으려고 각별한 노력을 기울인다. 서로의 말과 행동을 적극적으로 관찰하려는 동기가 살아 있다. 오래된 부부보다 신혼부부가 서로에 대한 공감 레벨이 높다는 결론에 동의한다면 이 연구 결과를 회사 조직이나 인간관계에도 적용해 볼 수 있을 것이다.

타인에게 관심을 보이며 대면하는 대상의 감정과 생각을 읽으려고 노력해야 한다. 오랜 동료이거나 인사 담당자로 권위가 있고 경륜이 많으니 당연히 자신에게 공감할 것으로 믿어서는 안

된다. 사람에 대한 이해를 바탕으로 관심과 관찰만이 공감 수준을 올리는 가장 빠른 길이다.

생각하는 기계가 개발되면서 우리는 일자리를 걱정한다. 그러나 우리가 눈여겨보아야 할 것은 단순한 일자리의 감소가 아니다. 일을 수행하는 방식이 바뀌면서 기업은 효율을 높일 방법을 연구한다는 것이다. 비용 대비 효과가 큰 대체 인력을 찾는다. 그만큼 사람의 노동 가치는 하락한다. 일의 성격이 변하면서 우리가 준비해야 할 능력 요소도 변하고 있다. 앞서 기술의 진화에 맞추어 자신의 일하는 방식을 어떻게 바꿔야 하는지를 대표적인 네 가지 직종으로 나누어 구체적으로 설명했다. 많은 직업의 종류를 쉽게 이해하기 위해 네 가지로 분류한 것이다. 그리고 각각의 개발 요소를 두 가지씩 제시했다. 그러나 실제로는 모든 직업에서 변화가 필요한 상황이다. 같은 직업일지라도 업무의 특성에 따라 그 변화의 방향이나 폭은 다를 수 있다.

영업 서비스직은 발로 뛰는 영업보다 데이터를 수집하고 분석하는 능력을 개발해야 한다. 또한 매뉴얼에 따라 고객의 마음을 움직이는 감성 터치의 행동 개발도 필요하다. 제조 현장직은 지금까지의 손으로 하는 기능, 납기나 생산량 중심의 업무 방식에서 질적 개선으로 변해야 한다. 이를 위해 현장 공정 개선이나 아이디어 개발을 위한 사고의 확장과 공유에 도움이 되는 토론형 소통 방식에 익숙해져야 한다. 그리고 생산 제품의 완성도를 높이고 일의 부가 가치를 올리기 위해서는 기계와 협업, 동료 간의 협력이 필요하다.

연구 개발직은 창의력의 중요성과 함께 직관력을 개발해야 한다. 첨단 기계나 각종 지능형 도구를 가장 빨리 접하고 가장 많이 사용하는 만큼 역설적으로 변화를 따라가지 못하면 제일 먼저 대체될 수 있는 직종이다. 기계와 차별되는 창의력과 통찰력에 집중해야 한다. 사무 관리직은 업무 특성상 자신이 하는 일이 조직에 미치는 영향이 큰 만큼 조직의 이슈를 찾아 문제를 해결하고 사람들을 변화에 동참시켜야 한다. 이를 위해 이슈 파이팅과 공감 능력을 개발할 것을 권한다.

-̗̀ THINKING POINT

관리 사무직은 개인보다는 조직, 소수보다 다수를 위해 존재하는 직종이다. 조직원이 업무를 활성화할 수 있도록 돕는 역할을 한다. 불만을 해소해주며 최대의 효율을 끌어내는 동기를 마련해주는 것도 관리 사무직의 역할이다. 그러기 위해 최대한 친밀감과 공감 능력을 발휘해야 한다. 기계로 대체되는 조직 사회에서 가장 중요한 구심점 역할을 감당할 능력을 갖춰야 할 때이다.

희망은 일상적인 시간이 영원과 속삭이는 대화이다.
희망은 멀리 있는 것이 아니다. 바로 내 곁에 있다.
나의 일상을 점검하자.

릴케

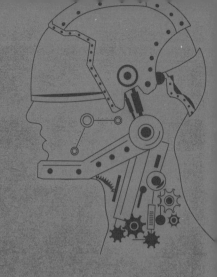

PART 3

지금부터 진검·승부가
펼쳐진다

CHAPTER 10

호모 파베르가
나타났다

'호모 파베르'란 도구를 이용할 줄 안다는 의미이다. 인간의 본질은 유형, 무형의 도구를 제작하여 사용한다는 점에서 착안된 인간관이다. 프랑스 철학자 앙리 베르그송은 인간을 도구 외 자신을 만드는 능력도 있다고 했다. 자신을 이끌어 환경에 적응하고 발전시킬 수 있다는 말이다. 그렇다면 지금 인간은 급가속하는 기계의 발달에 맞서 어떤 준비를 해야 할까? 유능한 기계에 현명하게 대처하는 법을 알아보자.

갇히는 생각을
거부하라

나는 잠들기 전 스마트폰으로 카톡, 동영상, 인터넷 기사를 즐겨본다. 그리고 아침에 눈을 뜨자마자 스마트폰으로 밤사이 온 문자나 이메일을 확인한 뒤 출근을 준비한다. 잠든 6시간 동안에 새로운 이메일이나 놀랄 만한 뉴스거리가 있을 리 없음에도 불구하고 습관적으로 스마트폰을 확인하는 것이다.

회사에 도착하면 컴퓨터를 켜자마자 무의식적으로 웹 서핑을 한다. 전임자가 만들어놓은 엑셀시트에 데이터를 입력하고 수식의 알고리즘은 잘 모르지만 결과를 정리하여 상사나 관계자에게 통보한다. 회의 자료에 주제와는 무관해도 무엇인가 덧붙일 만한 멋진 그림이나 도형을 검색하고 삽입한다. 카톡으로 말을 걸어온 직장 동료에게 답을 한다. 직접 만나서 이야기하거나 전화 한 통화면 간단히 해결될 일도 메신저로 오랜 시간 드문드문 문자를 주고받는다. 일에 집중할 만하면 여기저기서 문자 알림이 울려댄다. 오히려 알림음이 없으면 자꾸만 스마트폰을 열어보게 된다. 고장은 아닌가 하고.

이는 나를 포함한 대다수 현대 직장인의 일상일 것이다. 컴퓨터와 스마트폰이 보편화된 시대에 우리는 인터넷이나 스마트폰이 없는 세상은 생각할 수 없다. 심지어 주어진 업무 과제를 해결하려면 인터넷 검색을 한 후 그 범위 안에서 내 생각을 마무리한다. 관련된 정보를 얻거나 전문 지식을 쌓아가는 일은 물론이고 생각을 정리하는 방법조차 인터넷에 의지하지 않고는 해결할 수 없다. 사람들은 이제 타인과 직접적인 교류를 불편해한다. 책을 통해서 지식이나 정보를 얻는 시대도 지났다. 어떤 문제에 직면해도 여러 번 고민하거나 곱씹지 않는다. 생각의 문틈은 아주 비좁아졌고 그마저도 누가 대신해주거나 기계에 의존하는 경향을 보인다.

스마트폰, 태블릿 PC 등 도구를 사용하여 손쉽게 정보를 습득하고, 자연스레 지식의 깊이보다는 속도와 효율성에 더 관심을 가진다. 더불어 사람들은 자신이 가지고 있는 기기의 성능만큼 스스로 똑똑해지고 있다고 생각한다. 정말로 우리가 그렇게 '스마트'해진 것일까?

IT 전문가이자 저명한 칼럼니스트이면서《생각하지 않는 사람들The Shallows》의 저자 니콜라스 카는 "컴퓨터와 인터넷에 대한 맹목적인 믿음과 무분별한 사용이 얕고 가벼운 지식을 양산했다."라고 설파한다. 그는 이 책을 통해 디지털 기기에 종속된 이후 우리의 사고하는 방식은 어떻게 변화하고 있는지, 기술과 도구의 발전이 우리의 사회·경제·문화에 어떤 영향을 미쳤는지, 또 어떻게 귀속될 것인지를 집중 조명한다.

우리가 인터넷을 서핑하며 읽고 보고 저장하는 동안 이를 관장하는 신경회로는 강화되는 반면, 상대적으로 깊이 사고하고 분석하고 통찰하는 능력은 감소한다.

니콜라스 카는 인터넷 서핑의 영향력을 단순한 현상 분석이 아닌 뇌 가소성이라는 뇌 과학 이론을 빌어 뇌 구조에 미치는 악영향까지 세밀하게 진단했다. 트위터, 페이스북 등 SNS에서 쉽게 살펴볼 수 있듯이 정보나 의사 소통 자체를 단순화, 분절화하여 깊이 생각하는 방법 자체를 잃어버린 뇌로 만들었다는 것이다. 그는 현대인들이 건망증, 집중력 장애를 호소하는 까닭도 모두 이런 이유라고 강조한다.

그는 "우리가 인터넷에서 맥락 없는 정보만 추구하면서 사고하는 방식은 아주 경박해졌으며 이에 걸맞게 뇌 구조까지 물리적으로 변화했다."라고 주장한다. 그렇다고 그의 책이 디지털, 인터넷, 스마트폰 기기 사용을 거부하는 것은 아니다. 도구의 사용과 그것이 인간의 사고력 즉 생각하는 힘에 미치는 영향력을 정확히 이해하고 진짜로 똑똑한 인간, 생각하는 인간이 되어야 한다고 강조하는 것이다.

미래 기술의 발전은 고도의 자동화를 실현하게 될 것이다. 제조 현장에서 '스마트팩토리'는 생산 공정을 자동화시키고 효율을 높인다. 제품 생산에 적용되면 사람이 하던 일을 로봇같이 똑똑한 기계가 담당한다. 여기에 그동안 사람이 제공하던 서비스를 인공지능이 대신하는 스마트홈이나 자동번역기와 같은 가상 보조 직원도 등장한다.

문제는 이런 변화가 필연적으로 인간 사회의 변화를 동반하게 된다는 데 있다. 사람들 사이의 관계 속에서 이루어지던 일들이 어느 순간 상대방 역할을 하던 사람은 사라지고 스마트한 기계가 그 자리를 차지한다. 사람과 스마트한 기계 사이에서 사람은 배제되고 소외된다.

이런 변화는 우리 생활 방식에 급격한 위기를 가져올 것이다. 이에 기계와의 경쟁에서 뒤지지 않도록 인간이 생각하고 지켜나갈 수 있는 것이 무엇인지 모두 함께 고민해야 할 과제이다.

지금 우리가 하는 일 대부분은 잘 짜인 프로세스대로 이루어지고 있다. 과거에 해오던 방식대로 수행하고 상사의 명령과 지시에 코드를 맞추며 충실하게 수행하면 일을 잘한다고 평가받는다.

여기에 가끔 자신이 알고 있던 약간의 지식을 얹어 재포장하고 방향을 재설정하여 보고하면 인정을 받는다. 이보다 일을 더 잘하는 방법은 학문적으로 접근하여 관련 이론을 접목하고 수집된 데이터를 분석, 새로운 아이디어를 약간 더하면 된다. 그런데 이제는 일의 성격이 바뀌면서 일하는 방법도 바뀌어야 한다. 생각하는 기계가 등장하면서 엑셀, 통계 프로그램을 잘 다루던 직원의 역할이 바뀌었다. 엑셀을 잘 다루는 것보다 데이터 분석 결과를 어떻게 활용할까를 고민하는 사람이 업무 능력을 더 잘 발휘하는 사람이 되었다. 시대의 변화를 읽을 줄 아는 사람이 되어야 하는 이유다.

ꞏ☀ꞏ THINKING POINT

손에 든 스마트폰을 잠시 내려놓자. 그 안에 엄청난 정보가 들어 있고 다양한 콘텐츠와 영상이 있다는 사실을 안다. 하지만 그것이 생각을 유도하고 보이는 대로 수용하게 만든다. 집중력과 사고의 능력을 감퇴시킨다. 고개를 들어 흘러가는 구름을 직접 보는 것과 화면으로 보는 것의 차이를 느껴보자. 모두가 스마트폰을 보고 있는 일상에서 그들과 차별화될 방법을 찾아야 한다.

호모 파베르와
친해지기

직장에서 자주 오가는 말이 있다. 주로 상사가 부하 직원을 다그칠 때나 업무 진행이 더딜 때 불현듯 나오는 말이다.

"제발 생각 좀 하고 일해라."

"이 일을 하는데 당신 생각은 무엇이지?"

"어떻게 하겠다는 것인지 네 생각을 말해봐."

부하 직원은 이런 말을 들으면 막막해진다. 무엇을 잘못했는지, 어디서부터 잘못되었는지 감을 잡기 어렵다. 특히 자신의 능력보다는 인터넷 검색만으로 얻은 자료를 그대로 정리해 보고했다면 더욱 그러하다. "인터넷 자료가 잘못되었어요!"라고 말하면서 자기 잘못이 아니라고 핑계대고 싶을 것이다. 그러나 생각해보자. 아무런 생각 없이 자료를 그대로 인용하고 가져다 쓰면 되는가. 최소한의 검증 작업을 거쳐야 하지 않겠는가. 착각하지 말자. 인터넷이나 다른 사람이 구해놓은 답으로는 결코 자기 역량을 키울 수 없다.

자기 전문 분야일수록 지시받은 일의 진행이 안 되는 이유는 무엇일까? 근거 자료와 함께 열거하여 쉽게 결과를 도출해야 함에도 불구하고, 잘 아는 분야이니 대충해도 잘할 수 있다는 심산이기 때문이다. 조직 내 소수 그룹에서는 자기만이 그 능력을 소유하고 있다면 자만해질 수 있다. 남들의 인정을 받을수록 자신이 낸 결과에 '이게 최선인가?'라는 의문을 가져야 한다. 생각하는 과정을 거치지 않고서는 유용한 결과를 구할 수 없다. 자기만의 깊은 사고력이 동반되어야 자신의 존재 가치가 증명된다.

실제로 생각하며 일한다는 것이 무엇인지 한마디로 설명하기는 어렵다. 다만, 어떤 사안의 지향점에 중요한 가치를 두고 거기에 도달할 수 있도록 모든 고민을 되풀이하는 것이라 말할 수 있다.

어떤 정치사상가는 인간을 '애니멀 라보란스Animal laborans'와 '호모 파베르Homo faber'로 나누었다. 애니멀 라보란스는 매일 고된 일을 되풀이해야 하는 인간, 즉 일하는 동물로서의 인간이다. 그들은 "어떻게?"라는 질문밖에 할 줄 모른다. 호모 파베르는 판단력을 갖고서 노동하는 인간을 의미한다. 일을 진행할 때 "왜?"라고 묻고 최상의 결과를 낸다.

호모 파베르는 도구를 이용해 유·무형의 산물을 만들어내는 인간의 본질을 드러내기 위해 프랑스 철학자 앙리 루이 베르그송Henri-Louis Bergson이 처음 소개한 용어다. 하지만 호모 파베르가 단순히 도구를 만드는 것만을 의미하지 않는다. 진정한 호모 파베르는 뭔가를 만들어냄으로써 자신의 존재 가치와 환경까지 변화시킬 수 있다. 보다 발전적 의미에서의 인간이다. 과거에는 생존을 위해 불을 만들고 사냥도구를 만들었지만, 현재는 인간의 가치를 더 높이기 위해 인간 대신 노동하는 기계도 만들어냈다.

우리에게는 단순 노동만 하는 애니멀 라보란스보다 깊은 생각하는 힘을 가진 호모 파베르가 필요하다. 인간이 사유하고 꿈꾸지 못했다면 어떤 새로운 세계도 열리지 않았을 것이다. 언제나 '왜? 무엇을 어떻게? 원하는 결과의 이미지는?'이라고 자신에게 질문하며 일하는 방법을 고민해야 한다. 또 인간 고유의 능력으로 무엇을 해결할 수 있는지 그 방법은 무엇인지 되물어야 한다. 내게 주어진 일의 문제를 되묻는 것은 쉬운 일이 아니다. 끊임없이 생각해야 하므로 일의 흐름을 끊는 일이기도 하다. 일의 질적 수준은 인간의 사고력, 즉 생각하는 힘이 결정된다.

기계가 인간을 대신하는 미래에는 우리가 보유한 지식이나 정보만으로 답을 꺼내오지 못한다. 지식과 정보의 절대적 존재보다 이를 활용하는 생각 능력이 더 중요하다.

도요타식 문제 해결법에 '5Why'가 있다. 하나의 문제에 계속 "왜?"라는 질문을 던져 문제요인으로 거슬러 올라가는 것이다. 그 결과 문제의 근본 원인을 찾아 대책을 세우는 방법이다. 눈에 보이는 표면적인 사항의 일시적인 처방은 언제든 문제가 재발할 수 있다. 시간이 걸리더라도 문제의 본질에 다가가 생각하는 것이 유용하다.

워싱턴의 포토맥강 근처에 미국 3대 대통령 토마스 제퍼슨을 기리는 기념관이 있다. 그런데 언제부터인가 이 기념관 벽의 외관이 크게 훼손되는 일이 발생하기 시작했다. 시간이 지날수록 문제가 심각해지자 기념관 관리자는 담당 직원을 불러서 그 원인이 무엇인지 알아보도록 지시했다. 기념관 외벽에 묻어 있는 비둘기 똥을 제거하기 위해 독성이 강한 세제를 사용하기 때문이라는 조사 결과가 며칠 후 보고됐다.

관리자는 당장 관광객의 비둘기 모이 주기를 금지시켰다. 그런데 예상과 달리 비둘기는 계속 날아들었다. 다시 "왜?"라는 물음으로 조사에 들어갔다. 얼마 후 기념관 벽에 서식하는 거미가 비둘기를 불러들이는 진짜 범인이라는 사실을 밝혀냈다. 기념관 관계자들은 거미를 제거하는 일에 몰두했다. 그러나 좀처럼 효과가 나타나지 않았다. 그들은 또다시 "왜?"라는 질문을 던졌다.

밝혀진 원인은 나방이었다. 밤마다 숲에서 떼를 지어 날아오는 나방이 거미의 왕성한 서식을 가능케 한 것이다. 나방이 몰려오는 한 그것을 먹이로 삼고 있는 거미는 사라지지 않는다. 거미를 먹이로 삼고 있는 비둘기 또한 사라지지 않을 것이 확실했다. 그렇다면 왜 나방은 날아오는 것일까? 밤에 기념관을 비추는 밝은 조명이 원인이었다. 더욱이 이 기념관은 주변 건물보다 두 시간이나 먼저 조명을 켰다. 기념관 관계자들은 조명 점등 시간을 주변 건물보다 2시간 뒤로 미뤘다. 마침내 비둘기들이 몰려들지 않았고 배설물이 쌓이는 일도 없어졌다.

제퍼슨 기념관의 예에서 보듯 "왜?"라는 질문은 생각을 거듭하게 만든다. 그로 인해 예상치 못한 전혀 무관해보이는 곳에서 문제의 해결점을 찾을 수 있게 한다.

세계적인 자동차 회사 포드의 창업자 헨리 포드의 일화도 살펴보자. 어느 날 지식인이라 불리는 사람들이 헨리 포드를 방문

했다. 헨리 포드는 여유 있게 "여러분, 어떤 질문도 좋습니다. 모두 답변해드리겠습니다."라고 말했다. 초등교육만 받은 헨리 포드의 무지함을 놀려줄 심산으로 저명인사들은 하나둘씩 질문을 쏟아내기 시작했다. 그러자 헨리 포드는 천천히 전화기를 들어 부하 직원을 불렀다.

"저는 문제가 발생했을 때 저보다 똑똑한 사람을 고용해 답을 찾습니다. 그렇게 하면 제 머릿속을 맑은 상태로 유지할 수 있기 때문이죠. 대신 저는 더 중요한 일에 시간을 할애합니다. 예를 들면 '생각'이라는 행위에 말이죠."

포드는 지식은 부족할지 모르지만 지혜가 충만한 사람이었다. 생각의 폭과 깊이에 따라 일의 결과는 달라진다. 생각의 힘은 정보의 양에 따른 지식이 아니라 생각을 운용하는 지혜에서 나온다.

'사고와 정보情報의 패러독스'라는 말이 있다. 21세기 지식 정보화 사회에서 현대인은 정보량이 늘어날수록 점점 더 사고하지 않는 '사고와 정보의 패러독스'에 빠져 있다. 정보량이 늘어나면 인간은 생각을 멈춘다. 생각하는 힘을 단련하기 위해서는 정보를 줄이고 사유하는 행위를 늘려야 한다. 정보를 경시하는 것

은 아니지만 정보는 어디까지나 사고를 위한 재료 중 하나일 뿐
이다.

헨리 포드가 부하 직원을 불러 답변을 구했듯 미래에 우리는
기계를 부하 직원처럼 활용하면 된다. 나보다 더 다양한 지식과
정보가 필요한 일, 나보다 더 빨리 계산하고 반복되는 일은 기계
에게 맡기면 된다. 대신 그 남는 시간에 생각이 필요한 일에 몰입
하자. 기계를 이길 힘이 거기에서 나온다.

《생각하는 힘은 유일한 무기가 된다》의 저자 야마구치 요헤이
는 다음과 같이 말했다.

"AI와 로봇이 대중화되면 인간의 일자리는 사라질까? 요즘 들
어 AI나 로봇이 인간의 일을 빼앗을 것이라는 이야기가 들려오
고 있다. 하지만 AI 위협론에 크게 걱정할 필요가 없다. AI는 사
고하지 않는다. 단지 계산할 뿐이다. 계산에 아무리 많은 함수와
변수를 사용한다고 해도 차원을 넘어서지 못한다. AI의 목표는
어디까지나 정보의 최적화다. AI는 프레임 문제에 대처하지 못
하는 데다가 상위 차원에서 문제를 파악하고 유기적으로 연결하
는 것이 불가능하다. 인간만이 가능하다. 인간은 의식을 사용할
수 있다. 생각하는 힘을 사용하여 차원을 넘나들고 상위 차원에

서 문제를 파악하고 개별 요소를 유기적으로 연결할 수 있다."

최근 미래 사회, 노동의 대체, 인공지능 등 기계와 인간에 대한 거대 담론의 장이 세계 곳곳에서 펼쳐지고 있다. 국가와 사회가 해야 할 일을 논하기도 한다. 이를 강 건너 불구경하듯 해서는 안 된다. 남이 만들어놓은 대로 자기 생각 없이 살아가는 인생이어서는 안 된다. 자신만의 생각하는 힘이 없으면 남들이 만들어놓은 프레임에 갇혀 헤매고 끌려다닐 수밖에 없다. 자신과 관련해 고민할 줄 알아야 한다. 그래야만 생각하는 기계와 함께 일하는 시대에 생존 그 이상의 행복을 누릴 수 있다.

💡 THINKING POINT

일상에서 생각을 유도하는 질문이 있다면 "왜?"와 "어떻게?"이다. 호기심을 유발하고 자기만의 논리를 갖게 한다. 생각을 끌어내야 상상 이상의 것이 창출된다. 도구가 인간을 이롭게 하며 자기 힘을 과시할 때 인간은 더 높고 광범위한 사고가 필요하다. 기계는 도구임을 명확히 하고 인간을 돕는 역할로 유용하게 이끌어야 한다. 호모 파베르란 도구와 친해지고 도구를 가지고 놀 줄 아는 인간이다. 그래야만 생활에 즐거움이 더해진다.

생각의 차이가 만든
풍요로움

현실과 미래를 이야기할 때 빼놓을 수 없는 것이 컴퓨터이다. 인공지능이든 움직이는 로봇이든 그 위대한 출발점은 컴퓨터이다. 인간 세상사의 허무함을 논하고 영혼의 자유로움만을 논하던 철학자들이 현대 문명의 총아 컴퓨터를 생각해낸 것과 관련이 있다면 믿겠는가?

《철학하며 살아보기》의 저자 이창후는 컴퓨터에 대한 진실을 기록하면서 철학하는 힘이 컴퓨터 탄생의 원천이었다고 주장한다. 수학과 철학은 굉장히 연관성이 있는 학문이고 많은 부분에서 두 학문이 겹친다고 보았다. 그래서인지 서양의 유명한 철학자 대부분은 수학자이기도 하다.

"인간은 생각하는 갈대."라는 명언을 남긴 프랑스의 파스칼은 철학자이자 수학자이다. 피타고라스의 정리로 유명한 피타고라스도 역시 그리스의 종교가이며 철학자이자 수학자이다. 컴퓨터의 기본 개념을 만든 사람인 앨버트 튜링도 수학자이자 논리학자이다. 튜링은 컴퓨터 이론을 개척했고 컴퓨팅의 논리적 분석에 크게 기여했다.

그는 1936년에 '계산 가능한 수와 결정할 문제Entscheidungs problem에의 응용'이라는 논문을 썼다. 이 논문에서 고정되고 명백한 과정(그는 이 과정을 자동 기계로 수행될 수 있는 과정이라 정의했음)으로 풀 수 없는 수학의 문제들이 있음을 증명했다. 이 튜링 기계는 자동화 이론의 기초 토론에 참고 조항으로 자주 쓰였다.

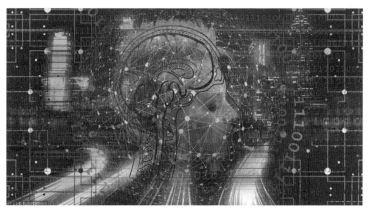

튜링은 컴퓨터 이론을 개척했고 컴퓨팅의 논리적 분석에 크게 기여했다

또 1940년대에 나온 디지털 컴퓨터 이론의 기초가 되기도 했다.

튜링의 이론을 바탕으로 수학자인 폰 노이만은 구체적인 컴퓨터를 설계하고 발전시켰다. 이를 시작으로 최초의 진공관 컴퓨터 '애니악ENIAC'을 필두로 지금 우리가 쓰고 있는 개인용 컴퓨터까지 쏟아져 나오게 되었다.

왜 수학과 철학을 하는 이들에게서 놀라운 업적이 나올까? 논리학이 철학의 한 분야이듯 수학 역시 굉장히 논리적인 학문이다. 수학에서 논리가 빠지면 시체나 다름없고 철학 역시 논리를 구성하는 사유를 요한다. 튜링은 수학자였지만 우리가 아는 사칙연산 문제를 푼 것이 아니라 논리적 사고의 힘을 통해 새로운 기계의 개념을 만들어낸 것이다.

기존의 방식으로 해결할 수 없는 문제에 부딪혔을 때 해결책은 '새로운 개념'에서 나온다. 새로운 개념은 사유하고 분석하며 비판하는 과정을 통해 만들어지는 것이다. 알버트 아인슈타인Albert Einstein은 "똑같은 방법을 반복하면서 다른 결과가 나오기를 기대하는 사람은 정신병자다."라는 말을 남겼다.

철학적 사고를 통해 인간이 새로운 생각을 할 수 있고 그래서 새로운 삶을 열어가는 사례를 어렵지 않게 찾을 수 있다. 《장자,

소요유逍遙遊》 편에서 장자莊子가 혜자惠子에게 들려주는 재미있는 약장수 이야기는 우리에게 새로운 사고를 유도한다.

송나라 사람 중에 손이 트지 않는 약을 잘 만드는 사람이 있었다. 그는 이 약을 바르고 무명천을 빠는 세탁업을 대대로 하고 있었다. 어떤 날 지나가던 길손이 금 백 냥을 줄 테니 약 만드는 비방을 팔라고 했다. 이에 송나라 사람은 가족을 불러 모아놓고 "우리는 대대로 세탁업을 해왔지만 겨우 몇 푼 벌이밖에 못 한다. 지금 약 만드는 비밀을 팔면 하루아침에 금 백 냥을 얻게 된다. 그러니 임자 있을 때 팔아버리자."라고 말했다.

약의 비방을 산 손님은 이웃 오나라의 왕을 찾아가 그 약의 효험을 알렸다. 왕은 이 자를 수군水軍 대장으로 임명했다. 이유는 추운 겨울에 월나라와 물 위에서 전쟁하는데 오나라 군사는 손이 트지 않는 약을 사용할 수 있기 때문이다. 덕분에 월나라와 전쟁에서 대승을 거뒀다. 오나라 왕은 수군 대장에게 나라의 땅을 주고 영주로 삼았다.

손 트는 것을 막는 약의 비방은 한 가지인데 세탁업자는 직업을 바꾸는 데 그쳤고, 다른 한 사람은 인생역전을 했다. 이는 생각의 차이가 만든 결과다. 이처럼 사유하는 힘, 즉 철학은 삶을 바꾼다.

새라 케슬러는《직장이 없는 시대가 온다》에서 우버가 등장하기 수십 년 전부터 실리콘밸리 기업들은 비용과 책임을 줄이기 위해 직원을 독립 계약자, 하청 노동자, 임시 노동자로 대체해 왔다는 글을 실었다. 그 사례로 노동 시장에서 벌어진 아주 흥미로운 광고 문구를 소개했다.

다음은 인력 파견업체인 켈리 서비스Kelly Services가 1971년에 기업을 상대로 낸 광고에서 자신들이 제공하는 노동 인력의 특성을 언급한 문구이다.

* 휴가를 쓰지 않습니다.

* 임금 인상을 요구하지 않습니다.

* 일이 없을 때 돈을 줄 필요가 없습니다(일감이 줄면 인력도 줄이세요).

* 감기, 허리 디스크, 치아 통증으로 앓는 소리를 하지 않습니다(적어도 사장님 돈을 받으면서 하지는 않습니다).

* 실업 급여세와 사회보장연금을 낼 필요가 없습니다(당연히 관련 서류 업무도 필요 없습니다).

* 복지 혜택을 일절 요구하지 않습니다(기업에서 복지로 인해 발생하는 지출이 임금의 최대 30% 수준입니다).

* 언제나 사장님의 마음에 쏙 들 것입니다(저희 켈리 서비스가 제구실을 못하면 돈을 주지 않아도 좋습니다).

현재의 직장인 입장에서 보면 황당하기 그지없는 광고 문구이다. 노동자를 피도 눈물도 없고, 아프지도 않으며, 감정이나 욕구 표현은 절대로 하지 않는 기계 존재로 표현했다. 이 문구는 노동자를 육체 노동 제공자로만 여기던 1971년의 노동 시장 분위기를 잘 대변한다.

여기서 잠시 기업 현장의 미래를 상상해보자. 우수한 '생각하는 기계'를 제작, 판매하는 회사가 사업을 한다면 기업주를 상대로 어떤 광고 문구를 만들까?

* 사장님 회사에 딱 맞는 인공지능 로봇 직원 한번 써보시겠습니까?
* 사람보다 더 논리적이고 엄청남 양의 데이터를 정확히 분석합니다.
* 24시간 주어진 과제를 신속, 정확하게 처리해드립니다.
* 욕구 불만이나 피로감을 호소하지 않습니다.
* 임금 인상을 요구하지도 않습니다.
* 복지 혜택을 일절 요구하지 않으며 4대 보험을 낼 필요가 없습니다.
* 때로는 사장님의 말동무가 되어 외로움을 달래주기도 합니다.

1970년대의 인력 파견 광고 문구 항목을 100% 적용하고 추가로 그 이상의 엄청난 업무 처리 능력을 제공한다는 것이 주된 내용이다. 인간의 노동력을 대체하고 복지를 요구하지 않는 기계적 특성이 부각되어 있다. 다행히 광고 문구에 "스스로 생각하는 힘이 큽니다."라는 문구는 없다.

·☌· THINKING POINT

'생각'의 차이가 '생활'의 차이를 만든다. 자기 분야에만 전념하기보다 포괄적이고 융합적인 지식을 쌓아야 한다. 세상에 존재하는 모든 개념은 어느 부분에서 일정 부분 연결되어 있다. 철학과 수학, 문학과 미술, 과학과 사회, 과학과 예술 등 일일이 열거할 수 없다. 미래에는 통합적 사고가 더 절실히 요구된다. 우리의 상상을 뛰어넘는 발전이 기대되기 때문이다.

CHAPTER 11

무엇이
인간답게 만드는가

시대에 따라 요구되는 인간이 다르다. 원시 시대에는 힘이 세고 빨리 달리는 사람이 인정받았다. 중세에는 농사를 잘 짓고 충성하는 사람이었다. 근대 이후에는 기술력을 가진 사람이 인기를 끌었다. 이는 서양사를 기반으로 한 개인적 생각이지만, 인류사의 흐름을 볼 때 부인할 수 없는 사실이다. 이제 우리는 현재와 미래에 요구되는 인간상을 생각해봐야 한다. 도구화되는 인간사를 되풀이하지 말고 가장 인간다움이 무엇인지 고민해보자.

시대에 맞는
사람으로 거듭나기

오늘날 비즈니스 및 기업, 학교 교육에도 '역량'이란 용어가 널리 사용되고 있다. 리더십 역량, 직무 역량, 디지털 역량 등이다.

역량이란 개념은 1960년대 후반, 성공 여부를 지능이나 적성만으로 예측할 수 없고 인간의 능력을 다양한 측면의 포괄적인 역량으로 봐야 한다는 주장에서 출발했다. 역량을 구성하는 요소가 무엇인지, 역량의 의미가 무엇인지에 대한 합의된 정의는 존재하지 않는다. 일반적으로 지식, 기술, 태도의 특정한 조합 혹은 복합체 정도로 인식된다.

역량은 기업의 교육 및 인사 관리 분야에 도입되었다. 역량의 구성 요소가 지식Knowledge, 기술Skill, 특질Trait, 동기Motive를 내포하고 있기 때문이다. 특정한 상황이나 직무에서 효과적이고 우수한 성과의 원인이 되는 개인의 내적 특성이 된 것이다. 그로 인해 기업에서 요구되는 역량도 인지적cognitive, 기능적functional 역량에서 성과와 관련되고, 측정이 가능한 행동적behavioral 역량으로 변화되었다. 민간기업 및 공공조직에서 역량의 범위와 요소는 매우 넓어졌다. 채용에서 교육, 평가까지 경영상의 중요한 시스템으로 정착되었다.

이제 우리는 미래에 필요한 역량에 관심 가져야 한다. "기계와의 경쟁에서 살아남기 위해 우리에게 필요한 역량은 무엇이고 개발 가능한가?"라는 이 물음에 대한 답을 찾아보자.

전자산업 인적자원개발위원회ISC의 이슈 리포트에 '미래 인재에게 요구되는 기초 역량'에 관한 인식도 조사 자료가 있다. 전자 분야의 인사 교육 담당자 100명을 대상으로 기술 변화의 강도와 특성에 따라 세부적으로 접근한 자료이다.

이 연구는 4차 산업혁명 시대의 국내 산업환경에 맞는 전자 분야와 융·복합 분야의 미래 인재 양성의 기초 역량을 새롭게 개발하고 제시함에 그 목적이 있다. 문헌 조사, 기업 인재상 조사, 전문가 인터뷰, 전문가 델파이 조사 등 다양한 기법을 사용했다. 연

구 과정이나 방법론을 보면 상당히 공을 들인 결과물이라 판단
된다.

  우리가 눈여겨보아야 할 지점은 [도표 11-1]에서 보는 역량의
우선 순위를 결정한 대목이다. 4차 산업과 인공시능 시대의 미래
필요 역량으로 문제 해결, 소통, 창의적 사고, 소프트웨어의 이해
와 활용 역량, 복합적 수행 역량, 협업 역량 등을 상위 순으로 꼽
았다.
  선정된 상위 역량을 보면 데이터 분석 활용, 소프트웨어 이해
를 제외하고는 사고력과 관련 깊다. 문제 해결 역량은 이슈에 접

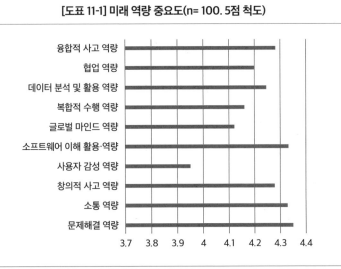

[도표 11-1] 미래 역량 중요도(n= 100. 5점 척도)

출처: 진자산입 인직자원개빌위원회(ISC)

근하고 분석하여 대안을 제시한다. 논리적, 분석적 사고와 함께 창의력을 기본으로 한다. 또 다른 역량인 융합적 사고 역량 역시 하위 요소는 다양한 관점의 사고 방식과 통찰력이다. 결국, 미래에는 인간만의 사고 역량이 우선시 된다는 결과이다.

또 다른 연구 자료도 있다. 2019년 경제·인문사회연구회가 일과 학습의 미래를 주제로 연구한 보고서이다. 미래 경제산업사회 변화와 디지털 전환을 조망하고, 사회 성장의 대응 전략을 모색함이 주목적이었다. 특히 디지털 전환으로 대표되는 미래 기술 환경 변화에 대응하여 '일과 학습'을 통한 인재 양성이 어떤 연계·협력 관계를 이루는지 고찰과 정책 대안을 모색했다.

연구에서 "국민은 경제·산업·사회 구조 변화와 기술 변화에 대응해 '일과 학습'에 변화를 예측하며 그 변화에 충분히 대응하고 있는가?"를 주제 삼아 '미래의 일과 학습에 대한 대국민 인식 조사'를 했다. 표본은 대한민국의 만 20세 이상 1,500명이 대상이었다. 이들 자료 중 과거와 미래의 필요 역량 부분만을 발췌, 정리해보았다.

사회 구조와 기술 변화에 대응하여 갖춰야 할 역량으로 과거에는 대인 관계가 42.7%로 가장 높았다. 다음으로 도구 조작 능

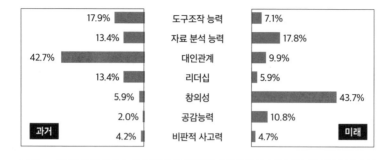

[도표 11-2] 빠른 사회 구조 및 기술 변화에 따른 직무를 잘 수행하기 위한 역량

	과거		미래
도구조작 능력	17.9%		7.1%
자료 분석 능력	13.4%		17.8%
대인관계	42.7%		9.9%
리더십	13.4%		5.9%
창의성	5.9%		43.7%
공감능력	2.0%		10.8%
비판적 사고력	4.2%		4.7%

* 주: 전체 대비 각각의 비중임.
출처: 일과 학습의 미래 경제·인문사회연구회(연구총서 19-16-01)

력, 자료 분석 능력, 리더십 순이었다. 창의성은 5.9%로 매우 낮은 응답률을 보였다. 하지만 미래에는 창의성이 가장 중요한 역량이라고 응답했다. 대인 관계는 9.9%로 과거에 비해 중요성이 크게 하락했다. 자료 분석 능력 역시 창의성 다음으로 중요한 역량이다. 자료 분석 역량, 공감 능력, 비판적 사고력이 그 뒤를 잇는다.

사고하는 힘과 관련된 역량이 많은 부분을 차지한다. 그 본질적 속성은 논리력, 분석력, 통찰력에 있다. [도표 11-1]과 [도표 11-2]의 연구 자료 2종을 종합해보면 현재에도 미래에도 중요한 역량은 인간의 사고력임을 알 수 있다.

자기 역량을 측정하기란 불가능하다. 일단 역량을 한계짓는 것도 어불성설이다. 노력에 따라 능력이 길러지고 실력이 높아지는 것을 경험하지 않았는가. 단언컨대 역량은 관심과 열정이 있다면 키울 수 있다. 먼저 시대가 요구하는 것이 무엇인지 공부하고 변모하는 사회에서 느끼는 두려움과 불안을 떨쳐버리자. 도전하는 자세로 자신의 역량을 키워야 한다.

사고력이
답을 찾는다

　나는 인사 관리 컨설팅, 리더십 및 경영 스킬 강의, 채용 승진 면접 평가에서 역량 체계를 수립하고 활용하는 일을 해왔다. 이 경험을 토대로 업무 수행에 필요한 역량을 [도표 11-3]과 같이 2가지 유형으로 구분해보았다.

　대면 수행 역량은 사람과 대면해 업무를 수행하고 성과를 창출하는 부분이다. 사람들 간의 의사 소통 역량, 친밀도 및 갈등 해결에 적용되는 대인 관계 역량, 개인의 지도, 성장을 지원하고 동기부여를 위한 코칭 역량이 여기에 해당한다. 이들은 인간의 본성이나 가치관, 인성에 영향을 받는다. 그래서 상호 친밀도나

[도표 11-3] 업무 역량의 속성별 구분

영역	해당역량	구성 요소	
		핵심 요소	요구 Skill
대면수행	의사 소통 코칭 대인 관계 퍼실리테이션	성격 기질 가치관 인성	경청 친밀감 형성 대화술 공감하기
Task수행	문제 해결 기획력 컨설팅 프로젝트관리 변화 관리	논리력 분석력 창의력 통찰력	변화감지 문제 해결책 착안 데이터 분석 이슈 도출 전개 아이디어 창출 기법

대화의 기술로 역량의 수준을 높일 수 있다.

Task 수행 역량은 주어진 일의 상황 변화를 파악하거나 사안별 핵심 이슈를 진단하고 해결책을 찾아 결과를 완성해내는 역량이다. 주로 문제 해결 역량, 기획력, 창의력, 변화 관리를 담당한다. 이 역량을 최대한 발휘하기 위해서는 논리력, 분석력, 창의력, 통찰력이 필요하다. 인간의 사고력, 인지 능력과 관련 깊은 요소이다.

나는 수년 동안 국내 기업의 임직원 역량 평가를 시뮬레이션 방식AC, assessment center으로 실시한 경험이 있다. 수년째 어느 한 기업의 직원을 대상으로 역량 개발 추이를 조사, 분석했다.

특정한 연도에 그 회사 전 직원을 대상으로 리더십을 포함한 9개 역량을 시뮬레이션 방식으로 측정했다. 그로부터 3년 후 같은 방식으로 동일 집단을 평가하여 역량의 변화도를 비교 분석했다. 최초 평가와 3년 후 평가에서 집단 평균보다 높은 직원들과 낮은 직원들이 명확히 구분되었다. 8년이 지난 지금도 매년 역량 평가를 시행해 역량과 특성 간 격차나 점수 분포를 확인하고 있다. [도표 11-4]는 그때의 자료를 종합한 연구 결과이다.

대기업에 근무하는 직원인 만큼 입사 당시 지적 수준이나 사고력은 상위에 속한다. 신입사원 입사 당시를 보면 Task 수행 역량이 대면 스킬보다 다소 높은 수준에서 출발한다. 그런데 시간

[도표 11-4] 역량 종단연구 결과

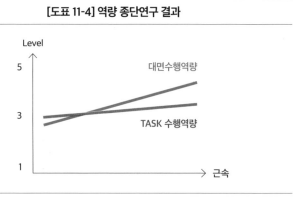

자료 : K 사 관리자, n= 800

의 흐름에 따라 대면 스킬 관련 능력 수준이 월등히 높아졌다.

대면 스킬은 교육의 힘과 삶의 성숙도로 행동의 결과가 달라질 수 있다. 긍정적인 방향으로 개발되는 것이 분명하다. 그러나 아쉽게도 창의력이나 통찰력, 분석력을 내포하고 있는 Task 수행 역량의 향상도는 근속 기간에 비례해 빠르게 상승하지 못했다. 한마디로 사고력 개발, 생각하는 힘, 인지 능력을 키우는 일은 매우 어렵다는 근거이다. 조직에서 뛰어난 사고로 일을 잘한다고 인정받기가 얼마나 힘들고 어려운 일인지 알 수 있다.

신입사원으로 입사했을 때는 성과의 차이가 별로 나타나지 않는다. 역량 수준도 비슷한 경우가 많다. 그런데 시간이 지나면서 역량의 격차가 커지고 성과의 차이가 급격히 벌어진다. 그 차이를 만드는 것은 일의 본질을 수행하는 능력이 뛰어난 Task 수행, 즉 사고력의 수준이다.

우리는 조직 생활에서 잘 나가는 직원을 평가할 때 인간 관계가 좋아서, 윗사람과 친해서, 말을 잘해서 승진하고 좋은 자리를 차지하는 것처럼 말한다. 이는 명백히 틀린 생각이다. 기본적인 일 중심의 사고력이 일정 수준 되어 있지 않으면 불가능하기 때문이다. 항상 사고 역량의 발휘가 먼저이고, 그 다음이 다른 요소에 의해 결정된다.

[도표 11-4]의 분석 결과는 채용 단계에서 우수 인력의 선발 기준, 교육 훈련의 방향과 프로그램 내용의 구성 가이드가 되고 있다. 만일 인간의 능력이 세월의 흐름에 비례하여 높아진다면 연령대 높은 직원이 고성과자 집단에 많이 속해 있을 것이다. 그렇다면 저성과자, 꼰대, 명예퇴직 등 기업 내 부정적 단어는 생기지 않았을지도 모른다.

미래의 직무 수행에 필요한 역량 역시 개발이 어려운 'Task 수행' 관련 속성을 지녔다. 기계와 구별되는 인간만의 능력을 보이는 영역은 창의력, 통찰력, 논리력을 기반으로 하는 생각하는 힘과 관련된 역량이다.

THINKING POINT

생각의 범위를 생각해본 적 있는가. 하나의 단서로 시작해 생각을 이어가다 보면 무궁무진하게 뻗어나간다. 시간의 제한으로 생각을 끊지 않으면 몇 날 며칠이고 계속될 것이다. 기계는 어떤가. 조작자의 명령 없이는 자체적으로 생각이 작동되지 않는다. 모든 명령을 정확하고 신속하게 처리할 수는 있으나 그 외 변수에 대한 대처능력은 없다. 인간과 기계의 다른 점이다. 기계와 인간의 대결에서 승부처는 단연코 '사고력'이다.

CHAPTER 12

생각에도
근력이 필요하다

생각이 생각을 단련시킨다. 하나의 생각이 다른 생각을 불러와 처음 생각을
단단하게 만든다. 논리와 추론이 여기서 발생한다. 그러나 생각의 시발점이
없다면 생각은 노닐지 못한다. 또한, 생각에 생각을 더하지 못하면 생각도
활력을 잃고 약해진다. 운동하는 것처럼 생각하자. 꾸준히. 그리고 자주.

생각을
숙성시켜라

나는 앞에서 직종별로 중요한 핵심 능력을 언급하였으며 사고 역량의 중요성을 근거와 함께 제시했다. 이들 역량의 기본 속성은 논리적, 분석적, 창의적, 직관적인 사고력이다. 이것들은 인간만이 가질 수 있는 능력으로 기계와 구분되는 요소다. 더 세밀히 표현하기 위해 비판적 사고Critical thinking와 논리적 사고Logical thinking라는 표현을 사용했다.

비판적 사고를 부정적인 생각으로 해석하거나 주제를 비평하고 비교하는 행위라고 단언하지 말자. 합리적이고 회의적이며, 편향되지 않은 분석 혹은 사실적 증거 개념을 포함한 말이다. 즉, 비판적 사고의 범주에는 논리적 사고를 아우르는 의미가 내

포되어 있다. 비판적 사고를 위해 사실에 근거한 객관화, 논리적인 전개가 요구되기 때문이다.

미국심리학회 회장은 지낸 다이언 F. 핼펀은 사고력Critical thinking을 "인지적 기술과 전략을 사용하여 논리적 결론 도출, 문제 해결, 올바른 판단, 효과적인 설득 및 대화와 같은 공감적 결과를 만들어내는 사고 방법이다."라고 정의했다.

정확하고 의미 있는 정의이다. 문제를 해결할 때 철학적 수준의 생각하는 힘이 필요한 것을 말하고 있다. 나는 사고력을 '주어진 이슈에 접근하는 높은 수준의 생각하는 힘'이라고 믿는다. 깊은 사고에 능한 사람은 스스로 합리적이고 문명화된 인간 중심의 긍정적 사회를 만들어 간다.

생각하는 힘은 교육으로 계발할 수 있다. 일상에서 사고력을 높이려는 노력도 가능하다.

먼저 사고 역량을 키우는 방법으로 '독서'가 좋다. 책을 골라 읽을 필요는 없다. 다만 지식인이 인문고전을 추천하는 데는 이유가 있다. 오랜 시간 동안 삶의 진리, 철학, 경험을 담은 이야기가 시대를 초월해 깊은 울림을 주기 때문이다.

동양의 《논어》, 《장자》, 《삼국지》를 비롯해 서양의 칼 세이건의 《코스모스》, 제레드 디이이몬드의 《총, 균, 쇠》, 데일 카네기의 《인간 관계론》, 유발 하라리의 《사피엔스》 등은 한 번을 읽어도 가치관 형성에 많은 도움을 준다. 이러한 책들은 방대한 지식과 연구 자료, 작가의 깊은 사유가 담겨 있어 우리에게 전달되는 감흥이 남다르다. 책 한 줄 한 줄을 읽으면서 작가 또는 등장 인물의 논리력, 분석력, 설득력, 통찰력, 사고의 다양성, 창의력들을 접할 수 있다. 읽는 순간 수십 가지 생각이 든다. 이런 과정을 통해 사고력과 지식이 커가는 것이다.

다음으로 '아날로그식 사고'로 자기 생각을 숙성시키는 과정이 필요하다. 포도가 숙성되어야 맛있는 포도주로 탄생하듯 이미 만들어놓은 틀에서 사고하기보다 자기만의 생각이나 의견을 생성하고 자기화하는 과정이 필요하다. SNS의 발달로 정보가 방대해지고 정보의 접근성이 좋아졌다. 하지만 재미와 오감을 자극하는 표현에 쉽게 빠진다. 정보의 홍수 속에서 빅데이터에 의해 편향된 정보만 접하다 보면 시야가 흐려지고 판단력을 잃게 된다.

사람들은 정보를 포장해 선보이면 큰 의심 없이 받아들이고 강한 신뢰까지 보낸다. 인스타그램, 페이스북, 유튜브 등 SNS에서 공유되는 다양한 정보들은 사실이 증명되지 않은 경우가 많다. 팔로워가 수십만을 넘는 유명 인플루언서라고 해서 전문가이고 사고 수준이 높다고 믿어서는 안 된다. 그들이 주장하는 내용이 사실이고 검증된 결과물이라고 여겨서도 안 된다. 그들은 특정 목적을 가지고 주장하는 경우가 많다. 전문적인 지식은 찾아보기 매우 힘들다.

나는 인사 관리의 전문성을 기반으로 공기업에서 실시하는 블라인드 채용 과정에 면접위원으로 참여하고 있다. 대학에서는 취업 준비생들에게 면접 훈련도 해준다. 얼마 전 어느 지역 취업 준비생을 대상으로 공기업 면접 교육을 할 기회가 있었다. 내가 아는 인사 관리 지식과 컨설팅 경험, 실제 채용 현장의 면접관 활동에 근거하여 취업 준비에 도움 되는 실질적인 내용을 전해주었다.

그런데 질의 응답에서 그들이 알고 있는 내용과 내가 답변해준 사항에 거리가 드러났다. 학생들이 이해하기 어려워하고 훈련 과정에서 행동 교정을 힘들어하는 것은 대부분 유튜브나 인터넷 카페에서 보고 들은 사항들이었다. 사실 검증 없이 유튜버나 블로거들이 제시해주는 대로 면접 준비를 해온 것이다.

예를 들면 학생들은 면접의 복장이나 외모, 인사 요령, 표정에 무척 신경을 쓰고 있었다. 면접 탈락 원인이 첫인상에서 좌우된다고 믿는 것이다. 이는 명확히 잘못된 정보이다. 국내 어떤 공공기관도 채용 평가 기준에 응시자의 복장이나 외모, 인사 방법을 평가하는 항목은 없다. 내가 그 이유와 근거를 들어 지나친 걱정이라고 설명해도 다들 불안해하는 눈치였다. 전문가의 말보다 조회수가 많은 유튜버의 말을 신뢰하는 모습이었다. 취업 관련 정보 수집을 인터넷이나 SNS에서 하면 안 되는 이유가 있다.

첫째, 유튜브 등 SNS를 운용하는 사람들은 보편적 상황만 말한다. 불특정 다수를 상대하므로 전체 만족 수준을 높이기 위해서 범용적이고 평균적인 수준의 범위에서 전할 수밖에 없다. 개인 맞춤형 준비가 안 된다는 말이다.

둘째, 쌍방향 소통이 안 된다. 자기소개서 작성법이나 면접 요령을 흥미롭게 전달하는 일방적 미디어일 뿐이다. 정보를 생산하는 사람이 미디어 소비자 개개인의 특성을 살피고 피드백을 해주지 못한다. 이 과정에서 취업 지원자들은 자기 확증의 편향성이나 자기 과대 평가의 오류를 범한다. 자신들은 그들이 알려주는 대로 반복 훈련했으니 일정 수준에 도달해 있다고 확신한다. 피드백을 받아 본 적이 없으니 제대로 하고 있는지 어디가 틀렸는지 알지 못한다. 그래서 면접 교육 시 개개인별 피드백을 해주면 의외의 반응을 보인다. 부정적 평가에 서운함을 표하기도 한다. 자신의 표정, 말씨, 표현 방식, 답변 내용 및 수준을 객관적으로 자각할 기회가 없었기 때문이다.

셋째, 자기만의 개성을 만들 수 없다. 남의 말이나 글은 자기 것이 될 수 없다. 취업 관련 SNS를 많이 접하고 합격자 사례로 올라온 글이나 답변 요령을 암기해서 시험에 응하는 취업 준비생들이 많다. 그러나 실제 면접 현장에서는 암기해서 기계적으로 답하는 응시자들은 높은 점수를 받지 못한다.

공공기관 면접위원들과 여러 가지 이야기를 나눈 적이 있다. 면접위원들이 항상 아쉬워하는 부분은 응시생 대부분이 자기만의 생각이 없다는 것이다. 나도 여기에 전적으로 동의한다. 응시생들 모두 복장에서부터 답변 내용, 질문에 반응하는 모습은 거의 획일적이다. 우열을 가리기 힘들어 곤혹스러울 정도다. 취업에 대한 열망과 고뇌에 비해 자기 표현의 부족함이 느껴져 안타깝기도 하다.

학생이나 사회 초년생들은 자신의 크고 작은 경험이나 잘할 수 있는 일, 자신이 쌓아온 능력치들이 있음에도 자기화하여 표현하는 과정을 힘들어한다. 자신을 논리적이고 체계적으로 표현할 때 높은 장벽을 느낀다. 그러다 보니 타인의 합격 사례, SNS상의 불확실한 정보, 인기 유튜버의 화려한 말에 이끌려 자기를 버리고 다른 사람의 틀에 맞춘다. 그리고 불합격의 순환을 반복한다.

평소에 자신만의 철학과 생각하는 힘이 있다면 취업 준비를 따로 하지 않아도 된다. 조금 더 사고하는 시간을 가지면 타인과의 차별점이 크게 드러난다.

"나에게 일과 일터는 어떤 의미일까?"

"내 삶의 여정에서 소중하게 여기는 가치는 무엇인가?"

"생각하는 기계와 함께 일해야 하는 미래를 위해 무엇을 준비해야 하는가?"

자신에게 이러한 질문을 던지며 논리에 감성을 더해 표현해보자. 자신의 가치관을 어떻게 드러낼 것인지 생각하면 충분하다. 이것이 타인이 정해준 프레임으로 만든 글을 암기하는 것보다 더 쉽고 유용하다.

-ｯ- THINKING POINT

깊이 있는 생각은 자신의 가치관과 연결되어 있다. 수박 겉핥기식 생각으로는 생각을 키울 수 없다. 무엇인가 알고 싶고 대처해야 할 일이 생긴다면 심사숙고하자. 책과 전문가의 의견을 듣고 미처 생각지 못한 부분을 체크해야 한다. 그리고 자신에게 '이것이 최상의 결과인가?', '더 나은 방법은 무엇인가?'라고 질문을 던지자. 생각이 발효되면 깊은 맛을 낸다.

책에
무한 신뢰를 보내자

다양한 분야의 책을 읽고 토론해보자. 생각의 힘을 키우는 가장 가성비 좋은 방안이다. 나는 과거 학창 시절 책을 많이 읽지 않는 편이었다. 성인이 되어 직업상 컨설팅 및 강의를 준비하면서 참고해야 할 필독서가 많아졌다. 주로 전문 지식을 높이는 데 도움이 되는 경영학이나 리더십, 기업 혁신 사례 등이었다. 그런데 이러한 독서는 전문성을 높이는 데에는 많은 도움이 되었지만, 편독으로 독서의 영향이 골고루 미치지는 못했다. 이후 독서 토론 모임에 참여한 뒤로는 영양의 불균형이 해소되었다.

몇 해 전 이웃들과 함께 독서 모임을 만들었다. '청지기'라는 간판을 달고 20명의 회원이 열심히 책을 읽고 토론한다. 교육자에서부터 직장인, 사업가, 학부모에 이르기까지 다양한 직업 종사자들이며 30대부터 60대까지 넓은 연령대의 회원들로 구성되어 있다. 서로 추천한 책을 읽고 주말 이른 아침에 모인다. 지금은 뜻하지 않은 코로나 사태로 비대면 화상 토의를 하면서 활동에 어려움을 겪고 있지만 한 명의 이탈자 없이 모두 열성적이다. 토론을 마칠 때면 상대방의 생각에 대한 공감과 감사를 전하고 새로움을 채워간다는 사실에 행복감을 느끼곤 한다.

독서 토론의 좋은 점은 4가지로 정리할 수 있다.

첫째, 다른 사람의 이야기를 들으면서 자기 생각의 지평을 넓힐 수 있다. 같은 책을 읽고 동일한 시대적 공간, 같은 주제를 이야기하는 데 나와 차원이 다른 사고력에 놀라울 때가 무척 많다. 그렇게 생각한 배경, 논리적인 주장을 들으면 관련 지식과 사고의 다양성이 경이로울 따름이다. 그렇게 상대방의 생각을 듣는 과정이 내 사고의 폭을 넓히고 관련 지식을 쌓아가는 지름길이었다.

평소에는 책을 읽다가 재미없으면 내려놓았다. 하지만 독서 토론의 지정 책은 토론을 위해서 열심히 읽어야 한다. 토론에서 활용할 관련된 내용을 하나하나 생각하며 정리하는 습관이 생겼다. 그러다 보니 배경 지식과 새로 알게 된 정보, 관점이 연결되고 확장되었다.

둘째, 책을 읽는 행위는 저자의 생각을 좇는 여행이다. 그 여행의 끝은 세상과 공감하기이다. 저자가 처해 있는 상황이나 배경, 가치관, 주장하고자 하는 이슈 등을 따라가면서 공감하고 수용하는 힘이 생긴다. 어떤 책이든 읽는 것만으로도 저자의 마음을 읽을 수 있어 자신의 좁은 시야나 편협된 사고에서 벗어나 공감하고 통찰하는 힘을 기를 수 있다.

독서 모임에서는 서로가 추천한 책을 골고루 깊이 있게 읽게 된다. 인문, 경제, 사회, 예술 등 넓은 세상에서 모든 것을 접할 수는 없지만, 독서를 통해 넓은 세상을 만날 수 있고 함께 공감하고 바로 설 수 있었다. 생각의 차이, 서로 다름을 이해하고 공감하며 공동체 삶을 살아가는 방법을 배우는 기반이 된다.

셋째, 새로운 아이디어를 생각해내고 활용한다는 점이다. 독서로 어떤 주제와 연관된 정보와 지식을 얻을 수 있다. 이것들이 쌓여 자기 일과 문제 해결에 도움이 된다. 직업적으로 필요한 강의 자료를 구성할 때 특정 주제에 쉽게 접근할 수 있었고, 새로운 관점에서 전달하는 재미도 있었다. 또한, 기업체의 프로젝트나 컨설팅을 하면서 새롭거나 낯선 과제에 부딪히더라도 지식 간의 연결, 분해, 새로운 결합으로 의미 있는 아이디어를 내고 문제를 해결할 수 있는 능력이 되었다. 최종적으로 지식의 양이 일정 수준 되어야 사고력, 창의력, 문제 해결력이 발현된다고 확신하는 계기가 되었다.

넷째, 독서 토론은 자신을 관찰하고 정체성을 찾아가는 인문학적 사고의 출발점이다. 스스로 성찰하기란 쉽지 않다. 자신을 살펴보기 위해 백지를 펼쳐놓고 "나는 누구인가?"에 관해 써보면 자신을 소개하고 설명하는 일이 어렵다는 사실을 깨닫는다. 독서 토론에서는 자신에 대한 인문학적 질문을 던진다.

나는 누구인가?
내가 가고자 하는 길은 무엇인가?
나는 어느 때 행복을 느끼는가?

독서 토론 모임에서 나를 관찰한 내용을 타인에게 들으며 '나다움'을 정리한다. 이를 계기로 타인의 이야기와 조언을 귀담아듣고 자신의 정체성을 찾는 새로운 활동에 도전한다. '나' 자신의 모습을 정확하게 파악하고 이를 통해 '인간 세계'나 '자연 세계' 사유 방법을 배워가는 것이다.

스티브 잡스는 자신의 상상력, 영감의 원천으로 인문학 독서를 꼽았다. 문학 역사 철학 예술을 깊이 탐구하면서 창의적인 영감을 얻었다고 한다.

마이크로 소프트를 설립한 빌 게이츠도 "지금의 나를 있게 한 것은 어린 시절에 다녔던 동네 도서관이었다."라고 말했다. 어린 시절에 읽었던 책들이 그를 세계적인 기업가로 만들었다. 그는 책에서 무엇을 얻었기에 그런 놀라운 성취를 이루었을까? 바로 창의력과 통찰력이다.

일론 머스크는 민간 우주기업 스페이스X, 전기자동차 기업 테슬라 등 이름만 들어도 굵직한 회사의 창업자이다. 최근 스페이스X는 세계 최초로 민간 우주선 발사에 성공했다. 일론 머스크도 독서벌레로 어린시절 책을 손에서 놓지 않았으며 이렇게 고백했다.

"학교 도서관과 마을 도서관에 있는 책을 모조리 읽어버렸다. 아마 초등학교 3~4학년이었을 겁니다. 책을 더 주문해달라고 사서에게 열심히 졸랐습니다. 그때부터 브리태니커 백과사전을 읽기 시작했어요. 정말 유익했죠."

마크 주커버그 역시 어린 시절부터 역사, 예술, 논리학, 그리스 신화를 탐독하고 심리학을 전공했다. 그는 사람은 누구나 연결되고 싶어 한다는 인문학적 통찰 끝에 페이스북을 창업했다.

이들은 남들보다 앞서 세상을 읽었다. 책에서 얻은 통찰력으로 거대한 꿈을 꾸었으며 그 꿈을 현실로 바꾸었다. 세상에 없던 새로운 기계를 만든 유명인들이지만 이들을 있게 한 것은 엔지니어적 관점의 기술 개발이 아니었다. 인문 철학을 통한 생각하는 힘이었다. 책에는 어마 어마한 힘이 숨겨져 있다. 폭발적인 지적 성장과 생각의 수준을 올리는 일은 독서로 이루어진다.

💡 THINKING POINT

책의 매력에 빠져보자. 혼자 읽기 힘들다면 강제성을 위해 독서 모임에 나가는 것도 좋은 방법이다. 같은 책을 읽고 대화하는 즐거움까지 더해진다. 책에는 작가의 경험과 철학이 담겨 있어 사회를 보는 안목과 통찰력을 키워준다. 유명인들의 사례가 이를 증명하고 있지 않은가. 그들은 책을 읽으며 자신이 무엇을 해야 하는지, 어떤 방향으로 나아가야 하는지 알았다. 책에는 세상을 바꿀 힘이 담겨 있다.

스마트 시대에
아날로그로 살아남기

취득하는 정보량은 많지만 편향된 정보에 빠지거나 자기만의
관점을 만들어 나가지 못하면 사고력 계발에 방해가 된다. 그러
므로 아날로그식 사고를 통한 자기 숙성이 필요하다.

마크 펜은 《마이크로트렌드 X》란 책에서 신종 러다이트 운동
new luddites을 소개했다. 단순히 "어떻게 될 것이다."라는 직관적
예측이 아니라 "데이터가 이러하니까 이렇게 된다."라는 논리적
주장을 펼치므로 신뢰성이 높은 편이다.

이 책은 사랑과 관계, 건강과 식습관, 기술, 생활, 정치, 일과
사업의 6개의 장으로 나뉘어 있다. 기술의 미래 트렌드로 신종

러다이트 운동을 이야기한다. 신종 러다이트 운동이란 삶에서 더 깊이 있는 결속을 누리기를 희망하며 기술을 거부하고 접속을 줄이는 사람들을 가리키는 용어이다.

마크 펜이 10년 전 처음으로 신종 러다이트에 관해 썼을 때는 이들을 비관적이고 냉소적이며 외로운 사람들로 규정했다. 스마트폰과 접속을 단절할 수 없을 것이라고 봤다. 하지만 지금은 그렇지 않다. 요즘의 신종 러다이트는 가족이나 친구들과 더욱더 결속되기 위해 특정한 영역의 기술을 기꺼이 사용하는 쪽을 택하고 있다. 사람들을 만날 때나 전화 통화를 할 때, 책을 읽을 때도 마찬가지다. 이들은 온라인에서 쉴 새 없이 오가는 정보의 흐름에 신경을 쓰면서 자신이 선택한 때에 자신이 선택한 방법으로 그 흐름에 합류한다. 방식은 다르지만 미국에서는 이런 집단 동조자가 계속 늘고 있다는 것이 마크 펜의 주장이다.

그럼 신종 러다이트 운동이 의미하는 바는 무엇일까? 먼저 이들의 행동은 기술의 진화에 부담을 느낀다. 그래서 기술과 정보의 홍수에 말려들지 않으려는 모습들을 보여준다. 자신의 삶을 침범하는 기술을 통제하려는 욕구다. 문자나 이메일, 스마트폰에서 한시도 눈을 뗄 수 없는 사람에게는 생각하는 여유가 사라졌다. 수시로 이메일을 확인하고 자신의 의사와 무관하게 업데이트를 요구하는 컴퓨터를 대한다. 나의 편리함을 위한 기계 기술이 어느 순간부터 나를 부리는 상황으로 바뀌었다. 이를 잠시 멈춘다면 세상의 흐름과 단절된 듯한 불안감에 휩싸인다. 이에 진화하는 기술에서 자유로워지고 싶은 요구가 나타난다.

다음으로 신종 러다이트 중 상당수가 사생활 침해 우려에 접속 차단을 택한다. 너무 많은 개인 정보가 인터넷 세상에 떠돌고 도용되거나 범죄에 이용되는 일을 자주 접한다. 따라서 접속을 차단하거나 부분적으로 통제하면서 타인으로부터 자유로운 생활을 점점 더 택하게 될 것이다. 자주 사용하지 않는 사이트에서 탈퇴하고 피상적인 온라인상의 친구 맺기에 회의가 든다. 가상적이고 진실성이 불확실한 타인과의 접촉에 거부하고 아날로그 시대에 느꼈던 진정한 인간 관계를 형성하고자 애쓴다.

마지막으로 신종 러다이트 운동은 한 장 한 장 손으로 넘기는 책을 사랑한다. 10년 전만 해도 종이책은 멸종할 것이라는 말이 돌았다. 하지만 미국의 통계를 보면 전자책 이용률이 최근 몇 년간 정체 중이고 미국인의 65%가 지난 1년간 종이책을 읽었다. 종이책을 읽는 인구가 늘어난다는 것은 인간의 본성인 생각하는 일, 감성에 공감하고 이를 발산하고 싶은 방증이다.

이처럼 생각하는 여유를 가질 수 있는 아날로그로의 귀환이 필요한 시점이다. 디지털이 세상을 편리하게 지배하자 사람들은 아날로그 시절의 불편함에서 인간적이고 따뜻함을 찾아냈다. 그리고 그리워하기 시작한 것이다.

단순한 디지털 소비자이기보다 디지털 기계로부터 자신을 보호하고 정신적 여유를 가지기 위해 아날로그식 사고와 행동을 시작한 것이다. 자유로운 사고를 이끌 방법이자 직접 대면을 통한 끈끈한 관계 유지의 틀로서 아날로그로의 회귀가 필요하다.

디지털과 아날로그적 삶 중 어느 쪽이 인간의 생각하는 힘에 더 영향을 주는지 비교한 연구사례가 있다.

다트머스대학과 카네기멜론대학의 연구팀은 '종이로 읽을 때와 모니터로 읽을 때 이해도의 차이'라는 연구 결과를 언론에 공개했다. 노트북 PDF로 글을 읽은 사람은 구체적인 사항이나 정보를 잘 기억했다. 반면 종이로 읽은 사람은 전체적인 글의 맥락을 짚고 스토리를 추론하는 힘이 더 우수했다. 다시 말해 디지털 읽기는 정보 그 자체에 집중하게끔 하는 일종의 좁은 시각을 제공한다. 전체적인 흐름을 파악하는 능력은 저하된다는 결론이다.

아날로그 읽기는 디지털 읽기보다 훨씬 종합적인 판단을 하고 문제 해결에도 더 도움이 된다. 구체적이고 세부적인 정보를 빨리 얻고 싶을 때는 디지털 읽기가 유리하다. 새롭고 창의적인 생각이 필요하거나 종합적인 판단을 위해서는 아날로그 읽기를 시도하면 된다.

대화와 사색으로 대표되는 아날로그 감성의 귀환은 그동안 기계에 의존해온 생활의 반성이자 인간적인 감성 회복의 시작이다. 디지털의 편리함보다는 현존하는 것, 직접 만질 수 있는 것들을 추구하면서 자신만의 생각, 자신만의 소유물을 얻는 데 관심을 가져야 한다.

아날로그가 존재하는 형태인 사람과의 만남, 대화와 토론, 음악, 여행, 책의 영역에서 인간만의 감성을 키워가는 기회를 만들자.

·ᄋᆢ THINKING POINT

집요하게 아날로그 방식을 고집하지는 않겠다. 하지만 어느 순간, 틈날 때 하루만이라도 아날로그 방식으로 살아보자. 너무도 빠르게 돌아가는 기계의 멈춤이 획기적 발상을 가져올 수 있다. 삶의 여유와 풍요를 되살려주기도 한다. 기계 시스템에 맞춰 돌아가는 현대에 자기만의 감성을 찾아야 한다. 누구도 소유하지 못한 당신만의 자산이 된다.

익숙함을 벗고
낯선 생각을 입어라

2007년 8월 발사된 우주왕복선 엔데버호에 쓰인 추진 로켓의 너비는 4피트 8.5인치였다. 사실 엔지니어들은 좀 더 크게 만들고 싶었지만 애로 사항이 있었다. 추진 로켓을 발사대까지 기차로 옮겨야 하는데, 중간에 터널이 있어 너비를 선로 폭에 맞춰야 했기 때문이다.

미국의 기차선로는 19세기 초 영국에서 증기기관차 도입 초기에 마차를 제작하는 기술공들에 의해 마차와 같은 너비로 만들어졌다. 그 마차 선로 폭은 고대 로마제국에서 전차를 끄는 말 두 마리의 엉덩이 폭에 맞추어 설계된 것이다. 결국, 21세기 우주왕복선의 추진 로켓은 200년 전 말 두 마리의 엉덩이 폭에 맞추어 제작할 수밖에 없었다.

이처럼 일정한 경로에 한번 익숙해지면 나중에 그 경로가 비효율적이라는 사실을 알면서도 벗어나지 못한다. 이를 심리학에서는 '경로 의존성'path dependence이라고 한다.

사회의 제도나 관습, 문화, 과학적 지식이 기술에 이르기까지 한 번 형성되면 그 후 외부의 다양한 쇼크에 의해 환경이나 여러 조건이 변경되어도 종래의 내용이나 형태가 그대로 존속할 가능성이 크다.

이 주장은 스탠퍼드대학의 교수였던 폴 데이비드와 브라이언 아서가 주장한 심리학 이론이다. 경로 의존의 덫에 한번 사로잡히면 나중에 어떠한 문제가 발생해도 현상을 유지하게 된다는 결론이다. 고착 효과lock-in effect, 매너리즘mannerism, 관성inertia과 유사한 의미이다.

실제로 영연방 국가들은 차량이 좌측으로 통행하는 관행을 이어가고 있다. 1868년에 만든 영문 타자기 자판을 기준으로 만들어진 컴퓨터 자판이 쿼티QWERTY인데, 이후 더 좋은 대안이 나왔음에도 이를 바꾸지 못한 채 사용하고 있다. 쿼티 자판은 기계식 타자기에서 기계적인 오작동을 줄이기 위해 개발되어 널리 쓰이게 되었다. 기계식 키보드가 점차 사라지고 컴퓨터 키보드, 스마트폰 자판 등 전자적 키보드로 변경되면서 드보락^{Dvorak} 자판이 개발되었다. 쿼티 자판보다 적은 힘으로 오랫동안 작업할 수 있고 속도 또한 2배 정도 향상되었다. 하지만 쿼티 자판에 익숙해진 사람들은 새로 익혀야 하는 드보락 자판의 사용을 꺼렸다. 불편을 감수하고 기존의 쿼티 자판을 계속 사용했다.

주어진 일을 장기간 하다 보면 관행이 생긴다. 이러한 관행은 안정적이고 일관성 있는 업무환경을 형성한다. 이는 사람들과 함께 일하는 과정에서의 일의 예측 가능성을 높여주는 순기능도 있다. 그러나 새로운 제도나 문화를 도입하는 데 있어 커다란 장애물이 될 수 있음을 잊지 말자. 관행은 변화에 대한 적응력을 떨어트린다. 위기에 직면하더라도 그것들을 인식하지 못하거나 합리화하도록 만든다.

새로운 변화보다 익숙한 불행과 불편을 선호할 때가 많다. 이사를 가거나, 새로운 취미를 시작하거나, 직장에서 일하는 방법을 바꾸기가 어려운 이유도 마찬가지다. 사람들은 익숙한 것에 대해 다른 생각을 하지 않는다. 하루의 시간을 정해진 루틴대로 움직이고, 해오던 방식대로 일을 처리한다. 마치 잘 세팅된 기계나 잘 훈련된 동물처럼. 또한, 새로운 기술이나 능력을 개발하는 비용이 크거나 관행에 의존하기도 한다.

변화의 흐름을 타면서 자신의 생각하는 방식과 행동 양식을 바꾸는 데 적극적이고 민감한 사람이 있다. 반면, 아무 생각 없이 소극적인 사람도 있다. 동시대를 살아가는 사람들은 누구나 똑같은 환경에 노출되어 있다. 그 가운데 자신과 일, 미래, 경제, 사회 등 주변의 변화상에 관심을 두고 고민하는 사람이 더 성장한다. 익숙함으로부터 벗어나기 위해 새로운 환경, 다양한 문화의 폭넓은 경험이 필요하다.

일본의 경제학자 오마에 겐이치는 자신을 바꾸기 위해서는 시간을 다른 곳에 쓰거나, 사는 장소를 바꾸거나 다른 사람을 만나라고 한다. 결국 낯설음과 마주하기이다. 낯선 일, 낯선 장소, 낯선 사람들을 만나는 것이 변화를 인식하고 익숙함의 의존성을 방어하는 길이다.

인류는 좀 더 편리하게 빠르게 그리고 효율적으로 문명을 변화시키며 발전해왔다. 인간의 무한한 발전 가능성과 새로움에 대한 욕망과 도전이라는 강력한 무기가 있기에 가능했다. 너무 빠른 변화, 급격한 발달에 적응하지 못한 개인은 인간의 무기를 잃고 의존성에 빠져 스스로 성장 동력을 상실하기도 한다.

새로운 환경, 낯선 것들과 만났을 때 비로소 우리 머릿속에서 새로운 생각들이 일어난다. 그러므로 자신의 발전을 위해서는 의식적으로 새로운 환경에 도전하자. 새로운 생각을 이끌어내야 한다.

철학자 니체의 말을 기억하자.

"새로운 것에 대한 선의, 익숙지 않은 것에 호의를 가져라."

-ᬆ- **THINKING POINT**

반복되는 익숙함과 편안함이 좋은가? 경로를 벗어나는 일이 대단해 보이는가? 그렇다면 이제 낯선 곳, 낯선 생각, 낯선 이, 낯선 문화 등 익숙지 않은 것에 호기심을 가져보자거부감을 드러내지 말고 먼저 그것이 주는 신비로움과 새로움을 받아들이자. 그것이 생각이라면, 특이한 사고라면 더 반겨야 한다.

참고문헌

경총 연구포럼 '디지털 전환시대의 일자리와 노동법의 미래' 2018, 12. 8

경제·인문사회연구회 '일과 학습의 미래 연구서' 협동 연구총서 2019년, 19-16-01

구본권, 로봇 시대, 《인간의 일》, 어크로스, 2020년

구병모, 김기호, 역량과 역량모형의 연구, 한국인적자원개발학회, 2010년

고영성, 《일취월장》, 로크미디어, 2017년

김경자, 미래 사회가 요구하는 창의융합형 인재, 행복한 교육. v.399, 2015년

김난도, 《트렌드 코리아》, 미래의 창, 2020년

김난도, 《트렌드 코리아》, 미래의 창, 2021년

김선우, 제4차 산업혁명에 대응하는 조직문화와 인적자원개발 사례, 직업과 인력개발, HRD review. 제19권, 2016년

김홍준, 제4차 산업혁명이 불러온 인재 조건의 변화, 품질경영. 제51권 제6호, 2016년

김형섭, 《HR의 비밀》 생각비행, 2019년

경영·회계·사무 인적자원개발위원회(ISC) Issue Report, 《4차 산업혁명과 직무변화》, 2018년

니콜라스 카, 《생각하지 않는 사람들_인터넷이 우리의 뇌 구조를 바꾸고 있다》, 청림출판, 2015년

대니얼 서스킨드, 《노동의 시대는 끝났다》. 출판 와이즈베리, 2020년

리처드 탈러, 《넛지》, 리더스북, 2018년

로버트 루트번스타인, 미셸 루트번스타인 《생각의 탄생 다빈치에서 파인먼까지 창조성을 빛낸 사람들의 13가지 생각도구》, 에코의서재,l 2007년

마크 펜 외, 《마이크로트렌드 X》, 더퀘스트, 2018년

데루야 하나코, 《로지컬 씽킹》, 비즈니스북스, 2019년

박가열·천영민·홍성민·손양수(2016). 《기술변화에 따른 일자리 영향 연구》, 한국고용정보원

박소연, 신범석, 공공부문 역량평가센터(assessment center) 평가자의 역량모델 개발 연구, 한국정책과학학회, 2014

바라트 아난드, 《콘텐츠의 미래,》, 리더스, 2017년

박재용, 《4차 산업혁명이 막막한 당신에게》, 뿌리와 이파리, 2019년

박홍순, 《미술관 옆 인문학》, 서해문집, 2011년

배철현, 《인간의 위대한 여정》, 21세기북스, 2017년

Biz times, 《인공지능과 직장 리더십·비즈니스의 미래》, 2017.11.22

서은국, 《행복의 기원》, 21세기북스, 2014년

사피 바칼, 《룬샷》, 흐름출판, 2020년

아스 로슬링외, 《팩트풀니스》, 김영사, 2019년

애덤 그랜트, 《오리지널스》, 한국경제신문, 2020년

야마구치 슈, 《철학은 어떻게 삶의 무기가 되는가, 불확실한 삶을 돌파하는 50가지 생각 도구》, 다산초당, 2019년

야마구치 요헤이, 《생각하는 힘은 유일한 무기가 된다》, 빈티지하우스, 2019년

에릭 브린욜프슨, 앤드루 맥아피 《제2의 기계 시대 : 인간과 기계의 공생이 시작된다》, 청림출판, 2014년

이창후, 《퇴근 길 인문학 수업. 철학하며 살아보기》, 한빛비즈출판사, 2018년

유시민, 《어떻게 살 것인가》, 생각의 길, 2013년

이연복, 4차 산업혁명시대를 준비하는 인적자원개발의 변화, 노동법률. 통권 301호, 2016년

이지성, 《에이트》, 차이정원, 2019년

이호철, 《맥킨지 로지컬 씽킹 174》, 한솜미디어, 2019년

임연욱, 제4차 산업혁명 시대의 '속도'와 공공 HRD, Public HRD. v.75, 2016년

LG경제연구원, 《인공지능에 의한 일자리 위험 진단 보고서》, 2018년

이수상, 《신문기사에 나타난 인공지능 담론에 대한 주제범주 분석

이선구, 《역량평가 역량면접_역량평가에 대한 올바른 이해와 대응》, 리드리드출판.

2015년

이재진, 《HR 애널리틱스(HR Analytics) 데이터 기반의 의사결정 가이드》, 온크미디어, 2020년

Analysis of Subject Category on Artificial Intelligence Discourse in Newspaper Articles》, 한국도서관·정보학회지

ANNTOINETTE D.LUCIA, 《알기쉬운 역량모델링》, 피에스아이컨설팅, 2001년

엘렌 러펠 셸 원저, 김후 역, 《일자리의 미래》 ㈜예문아카이브, 2019년

월간 노동법률 2020년

전자산업 인적자원개발위원회(ISC), 《미래 인재에게 요구되는 초역량'에 관한 인식도 조사》, 이슈리포트, 2018년

정원준, '인공지능 시대에서 미래 디자이너의 역할에 관한 고찰' Journal of Digital Convergence Vol. 16. No. 8, pp. 279-285, 2018

정제영(2017). 《4차 산업혁명 시대 학교교육의 전망과 과제》, 한국교육개발원

제러미 리프킨, 《노동의 종말》, 민음사, 2020년

중앙일보 기사, '전 세계 7세 아이들 65%는 지금 없는 직업 가질 것', 2016. 1. 20.

중앙일보, 매뉴얼대로 vs 감성 서비스, 2020.07

조세일보, 《4차산업혁명시대, 영업사원 대신 세일즈마케터 되라》, 2018년

조성준, 《세상을 읽는 새로운 언어, 빅데이터》, 21세기북스, 2019년

조지 리처, 《맥도날드 그리고 맥도날드화》, 풀빛, 2017년

천장현, 유규창, Assessment Center의 효과성 증진방안 모색 : A그룹 평가센터 구축 사례 중심, 대한경영학회 학술발표대회 발표논문집, 2014

최은수, 인류생활 大혁명 제4차 산업혁명이 몰려온다, HRD. 통권 308호, 2016년

최재천 외, 《코로나 사피엔스》, 인플루엔셜, 2020년

패로미킥, 《미래를 읽는 5가지 안경》, 쌤앤파커스, 2018년

한국노동연구원, 《노동정책연구》 2016. 제16권 제4호 pp.1~36 디지털화와 노동: 디지털시대 노동의 과제. 김기선

한나 아렌트, 《도구를 만드는 자: 인간의 조건》, 한길사, 2019년

하마다 히데히코, 《성과를 높이는 일 공부_직장 상사가 가르쳐주지 않는 일의 기본》, 중앙북스, 2017년

Carl Benedikt Freytand Michael A. Osborne, THE FUTURE OF EMPLOYMENT: HOW SUSCEPTIBLE ARE JOBS TO COMPUTERISATION?, 2013

https://blog.naver.com/exhappyway 한국도로공사 공식 블로그

https://brunch.co.kr/

https://adipo.tistory.com/2612

https://fred.stlouisfed.org/series/UNRATE, U. S. Bureau of Labor Statistics

https://www.veritas-a.com

오래 묵을수록 좋은 것 네 가지가 있다.
오래 말린 땔나무, 오래 묵어 농익은 포도주, 믿을 수 있는 옛 친구,
읽을 만한 원로작가의 글이다.

프란시스 베이컨

현재 세상은 너무나도 빠르게 움직이고 있기 때문에,
할 수 없다고 말하는 사람들은
그것을 하고 있는 다른 누군가에 의해 대체되기 쉽다.

엘버트 허버드